Bildnachweis
Alle Fotografien/Abbildungen im Buch und auf dem Cover sind von Alexander Dietrich außer:
S. 30/31, Prophetenhalle Augustinermuseum: © Arnd Henke
S. 94/95, Marienhaus: © Carola Schark
s. 96/97, Neubau Familienheim Falkensteinstraße:
© Magor Hegedűs
S. 106,107, untere zwei Abb., United World College und Kartause:
© United World College
S. 122/123, Garten der Physik:
© Henne Korn Landschaftsarchitekten/Guido Kirsch
S. 123, Campido: © Arnd Henke
S. 138, Neubauten Familienheim Rennweg und Komturstraße:
© Jürgen Brandel
S. 154/155, Rendering Rennwegdreick:
© Bachelard Wagner Architekten
S. 176 links oben, Rathaus im Stühlinger Innenaufnahme:
© ingenhoven architects / HG Esch
S. 199, Grundrisse Maria Magdalena: © ksg architekten und stadtplaner Köln/Leipzig, Prof. Susanne Gross (Entwurfsplanerin)
S. 209, Grundriss Villaban und Amöbe: © Broß Kurzenberger
S. 213, 216/217, Rendering SC-Stadion: © HPP Architekten Visualisierung WillMore
S. 216/217, Rendering Volksbank Freiburg: © Hadi Teherani Architects, Visualisierung: Panoptikon
S. 218/219, Visualisierung Dietenbach:
© K9 Architekten/Latz + Partner/die-grille
S. 218/218, Visualisierung Kleineschholz:
© Dietrich | Untertrifaller Architekten

Auf dem Cover: Rathaus im Stühlinger, © Alexander Dietrich

1. Auflage.
Umschlag, Layout, Satz:
FREYA SANCHEZ, Ann-Kristin Maier, Stuttgart
Herstellung:
Rombach Druck- und Verlagshaus GmbH & Co. KG, Freiburg i.Br.
Printed in Germany
ISBN 978-3-7930-5173-2
www.rombach-verlag.de

GISELA GRAF | CAROLA SCHARK

FREIBURG URBAN

Neue Architektur in der Schwarzwaldmetropole

ALTSTADT & ALTSTADTRING

BAHNHOFS- UND BUSINESSACHSE

WIEHRE & OBERAU & WALDSEE

NEUBURG & HERDERN

BRÜHL & MOOSWALD

HASLACH & STÜHLINGER

RIESELFELD & VAUBAN

HINWEISE ZUR BENUTZUNG

Projektbezeichnung
Nummerierung im Stadtplan
Adresse

Jahr der Fertigstellung
Architekt
VAG-Haltestelle

174

5 Rathaus im Stühlinger

Fehrenbachalle 12
Straßenbahn 1, 2, 3, 4 – Rathaus im Stühlinger
Ingenhoven Architects, Düsseldorf
2017

Dieser riesige Rundling zwei Kilometer westlich der Altstadt ist das Ergebnis einer Entscheidung, die die Stadt im Jahr 2012 fällte: die sogenannte Verwaltungskonzentration. Zuvor waren sämtliche Ämter der Stadt Freiburg dezentral an sechzehn verschiedenen Standorten untergebracht, was sowohl für Verwaltung und Bürger umständlich war. Also wurde für das neue Zentrum im Stühlinger – der dadurch auch gefühlt mehr in die Mitte der Stadt rückt – ein Wettbewerb ausgeschrieben, der am Ende mehr als 3.000 Angestellten neue Büros bieten soll. Das Büro Ingenhoven Architects aus Düsseldorf überzeugte die Jury mit drei locker aneinandergefügten, ovalen Baukörpern (und einem kleineren runden für die Kita) in einem Park, die nach allen Seiten offen sind und so Durchblicke und Sichtachsen ermöglichen, welche die Ankommenden regelrecht anziehen. Denn das neue Rathaus will ein einladendes und transparentes Haus für alle Bürger sein, in dem man sich leicht orientieren kann. Der erste Baukörper ist seit 2017 bezogen, das ganze Ensemble soll 2024 fertiggestellt sein.

Die etwa 1.000 Besucher, die das Erdgeschoss täglich betreten, finden einen weiten, hellen und freundlichen Raum vor. Terrazzoboden, Oberflächen und Möbel sind vor allem beige, hellgrau und weiß, durch zwei Glaskuppeln fällt das Tageslicht aus dem darüber liegenden Innenhof. Hier gibt es offen einsehbar mehrere Anlaufstellen, Beratungs- und Informationsbereiche mit etwa 90 Arbeitsplätzen. Die angrenzende Kantine ist auch für externe Besucher offen.

Die Verwaltungsmitarbeiter in den fünf darüber liegenden, nicht öffentlichen Etagen arbeiten an offenen, kommunikativen und barrierefreien Arbeitsplätzen. Die einzelnen Büros orientieren sich an den Fenstern der Außenfassade und gruppieren sich um Meeting Points, um Teamarbeit und die Bildung von Projektgruppen zu fördern, die Architektur soll dem flexiblen und transparenten Arbeiten entgegen kommen.

Der eigentliche Clou ist aber die Fassade. Wie senkrechte Lamellen umrunden fast 900 schlanke Paneele aus Lärchenholz oder mit Solarmodulen den Bau und verleihen ihm seine transparente Wirkung. Sie sind so angeordnet, dass sie das Licht maximal einfangen können und zugleich die Büros vor direktem Sonneneinfall schützen. Auf der Nordseite überwiegen die Holzpaneele. Zusammen mit den Photovoltaik-Zellen auf dem Dach kann dieser Neubau im Lauf eines Jahres mehr Energie produzieren als er verbraucht. Die überschüssige Energie wird ins Stadtnetz eingespeist. Er ist somit das erste kommunale Netto-Plusenergie-Gebäude der Welt. Mit ihrem Neuen Rathaus hat die Stadt Freiburg als Green City ein klares Zeichen in puncto Klimaschutz gesetzt – und dafür den Deutschen Nachhaltigkeitspreis 2019 gewonnen.

! ***Dieser Bau ist ein schönes Beispiel dafür, wie man die oft als hässlich empfundenen Solarelemente zu einem Gestaltungsmittel machen kann, und wie der architektonische Entwurf mit den energetischen Zielen harmoniert. In der Zwischenzeit hat sich auch in der industriellen Herstellung von Solarpaneelen einiges getan. Sie können individuell hergestellt und sogar so in die Fassade integriert werden, dass man dieser gar nicht ansieht, dass sie Strom produziert.***

175

Freiburg Urban

Haslach & Stühlinger

176

In der Empfangshalle ziert »LIMON«, ein Werk der Künstlerin Schirin Kretschmann, einen 47 Meter langen Abschnitt der vier Meter hohen Wand. Ein Wandrelief aus doppeltem Glas wurde mit leuchtend gelber Farbe beschichtet und dann von Hand in großzügiger Geste an manchen Stellen wieder frei gekratzt, so dass zusammen mit dem Licht lebendige Effekte entstehen. Die Entscheidung für das Kunstwerk fiel in einem Kunst-am-Bau-Wettbewerb.

Vom Rathaus ist es nur ein kleiner Katzensprung in den Eschholzpark. Dort befindet sich der überdimensionierte rote »Wasserschlauch« des New Yorker Künstlerpaars Claes Oldenburg und Coosje van Bruggen, der 1983 entstand. Er ist eine Reminiszenz an die Kleingärten, die hier dem Berufsschulzentrum und der Parkanlage weichen mussten.

Freiburg Urban

177

Haslach & Stühlinger

Augen auf:
Detailinformationen

Seitenblick:
Sehenswertes in der Nähe

Wissenswert:
technische und baukulturelle Zusammenhänge

FREIBURG – EINE STADT IM BAU

Jährlich kommen über eine Million Touristen nach Freiburg, und es werden immer mehr. Sie kommen wegen der idyllischen Altstadt, des Münsters und der Bächle – und natürlich auch wegen des Lebensgefühls und des hohen Freizeitwerts in der Umgebung. In den Kaiserstuhl ist es ein Katzensprung, ebenso in den Schwarzwald, nach Frankreich oder in die Schweiz. Doch ist Freiburg nicht nur für Touristen attraktiv: auch die Studierenden- und überhaupt die Einwohnerzahlen steigen. Und eben weil Freiburg wächst, wird es urbaner. Hotels sprießen aus dem Boden, ganze Wohnquartiere entstehen, zentrumsnah wie auf dem ehemaligen Güterbahnhof, Stühlinger West oder den Gutleutmatten. Auf dem Dietenbachgebiet entsteht sogar ein völlig neuer Stadtteil. Neue Straßen werden gebaut, das Verkehrssystem neu geordnet, Unternehmen siedeln sich an und die stadtbildprägende Universität baut einen Forschungsbau nach dem anderen. Selten gab es in Freiburg – wie übrigens in vielen anderen Städten derzeit auch – seit der Nachkriegszeit so viele Baustellen wie heute. Manche mögen das bedauern – andere freuen sich, dass Freiburg urbaner wird. Am deutlichsten hat sich dieser Gegensatz wohl vor wenigen Jahren an der neuen Universitätsbibliothek mitten in der Stadt entzündet.

Diese urbane Seite Freiburgs möchten wir gerne den Menschen näherbringen, die sich für ihre gebaute Umgebung interessieren: den neugierigen Besuchern, die vielleicht nur wenige Tage hier verbringen, ebenso wie den alteingesessenen Freiburger »Bobbele«, die ihre Stadt mit offenen Augen betrachten und mehr erfahren möchten als das, was sie auf den ersten Blick sehen. Denn letztlich verbringen wir den Großteil unseres Lebens in Häusern oder bewegen uns zwischen ihnen. Und wenn wir Städte besuchen, ist der Eindruck, den sie in uns hinterlassen, nicht nur, aber wesentlich von der Architektur geprägt.

Die Autorinnen sind beide weder Architektinnen noch Architekturkritikerinnen. Doch wir sind neugierig und wollen mehr über die Hintergründe der Architektur erfahren, die uns täglich umgibt – und hoffen, dass der Funke überspringt. Unser Ziel ist, Verständnis dafür zu wecken, warum eine Stadt so aussieht, wie sie aussieht, welche Motive dahinter stecken, welche Probleme städtebauliche Maßnahmen bereiten und wie sie gelöst wurden. Das betrifft markante Einzelbauten und Ensembles ebenso wie scheinbar banale Alltagsbauten. Deshalb haben wir versucht, vom Museum zum Bürohaus, von Schulen über Forschungsbauten bis zu Wohngebäuden ein breites Spektrum an Bauten vorzustellen, die eine Stadt ausmachen. Dabei versuchen wir, nicht nur auf Gestaltung und Fassaden zu achten, sondern den Gesamtkontext einzubinden. Deshalb werfen wir gelegentliche **Seitenblicke** auf das, was beim Spaziergang am Straßenrand auffällt. **Augen auf** lenkt den Blick auf Details, die man vielleicht nur deshalb leicht übersieht oder die rätselhaft erscheinen, weil man nicht weiß, was sich dahinter verbirgt. Unter **Wissenswert** erklären wir technische oder baukulturelle Zusammenhänge. Kleine **thematische Beiträge** erläutern anhand der vorgestellten Bauten Hintergründe und Themen, die typisch für Freiburg sind, etwa nach welchen Modellen die Freiburger wohnen (wollen oder können), wie es um den sozialen Wohnungsbau steht, oder was Freiburg zur »Green City« gemacht hat. Denn Freiburg gilt heute nicht nur als gemütliche Universitätsstadt mit mittelalterlichem Stadtkern, sondern auch als Ökostadt. Besonders seit den 1990er Jahren, als die Stadtteile Vauban und Rieselfeld entstanden, hat es sich zu einem Zentrum ökologisch ausgerichteter Architektur entwickelt. Diesen städtebaulichen »Schub«, den Freiburg in dieser Zeit erlebte, nehmen wir als Ausgangspunkt unserer Beobachtungen.

Dieses Buch stellt keinen Anspruch auf Vollständigkeit; mancher Kenner wird wohl das eine oder andere Gebäude vermissen. Es soll auch ausdrücklich kein Fachbuch sein und muss daher manchmal an der Oberfläche bleiben, auch wo wir gerne selbst mehr in die Tiefe gegangen wären. Unser Ziel ist vor allem, Interesse für aktuelle Architektur zu wecken und neugierig zu machen, so wie wir uns selbst als Interessierte mit unverstelltem Blick begeistern können.

ALTSTADT & ALTSTADTRING

DIE MITTE DEHNT SICH AUS

Wie ein Korsett umschlossen die mittelalterliche Stadtmauer und später noch viel mehr die barocke Vaubansche Festung die Innenstadt. Obwohl Freiburg sich vergrößerte, ist dieser Gürtel heute noch gut erkennbar, zum Beispiel an den erhöhten Sockeln von Stadttheater und Colombischlössle oder an den Straßennamen wie Wall-, Rempartstraße oder Glacisweg. Für die Verkehrsplanung und den Traum von der autogerechten Stadt in den 1960er Jahren war diese Schneise hochwillkommen, denn so konnte der vierspurige Innenstadtring einfach in die offene Lücke gelegt werden. Freilich mussten auch einige historische Strukturen weichen. Als besonders drastisches Beispiel sei der Stadteingang an der »Schlossbergnase« am Schwabentor genannt, der bis heute eine unbefriedigende Situation darstellt.

Doch Freiburg wächst immer weiter, die Innenstadt hat sich kulturell längst nach Westen in Richtung Hauptbahnhof entwickelt. Hier sind zum Beispiel Konzerthaus, CinemaxX und Jazzhaus. Doch der vierspurige Rotteckring trennte Altstadt und westliche Innenstadt voneinander.

Bereits seit den 1980er Jahren gab es Planungen, die Innenstadt zu vergrößern und den Verkehr, der sie durchschneidet, weiter nach außen zu verlagern.

So wurde der neue Europaplatz mit dem (umstrittenen) Siegesdenkmal 2018 für die Fußgänger zurückerobert und entwickelte sich vom Rand zu einem neuen Zentrum. Richtung Bahnhof dehnte sich die Innenstadt aus, indem der Autoverkehr nach Westen auf die Bahnhofsachse verlegt wurde. Eine neue Stadtbahn wurde gebaut, der Platz der Alten Synagoge wurde beruhigt und ist jetzt nach dem Münsterplatz der zweitgrößte Platz und somit ein neues Zentrum der vergrößerten Innenstadt. Der Weg bis zum Fahnenbergplatz vorbei am Colombischlössle gehört heute vor allem den Fußgängern und Fahrradfahrern. Die Integration der drei zu urbanen Freiräumen umgestalteten Plätze »bringt der Altstadt Entlastung und öffnet Entwicklungschancen« in den angrenzenden Quartieren, so die Stadt Freiburg. Im Klartext heißt das allerdings auch, dass Viertel wie das Sedanquartier im Westen inzwischen von Investoren entdeckt wurden und das Leben in der Innenstadt für viele Menschen zu teuer wird.

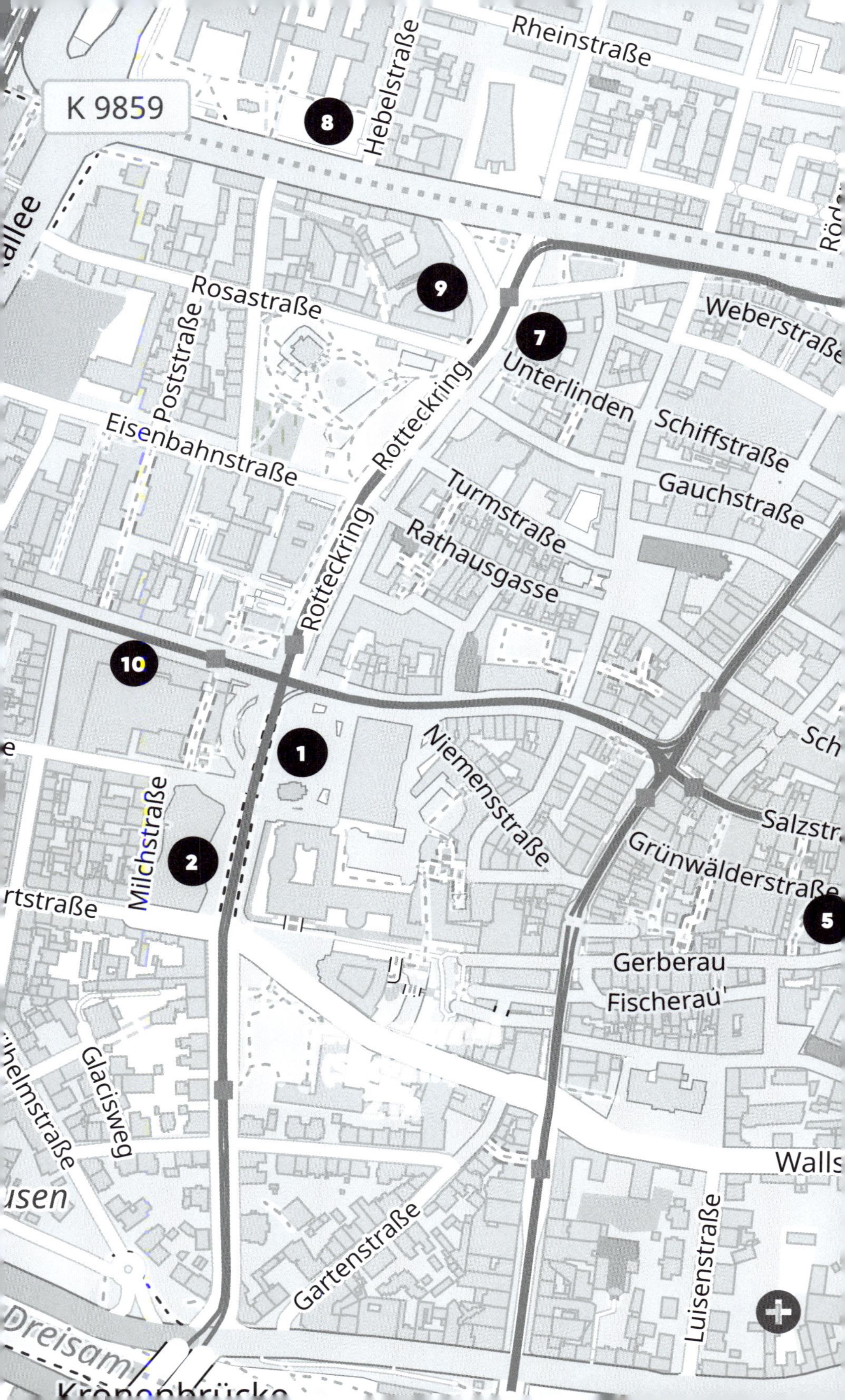

K 9859
Rheinstraße
Hebelstraße
Rosastraße
Poststraße
Eisenbahnstraße
Rotteckring
Weberstraße
Unterlinden
Schiffstraße
Gauchstraße
Turmstraße
Rathausgasse
Niemensstraße
Milchstraße
Salzstr
Grünwälderstraße
Gerberau
Fischerau
Glacisweg
Gartenstraße
Luisenstraße
Walls
Dreisam
8
9
7
10
1
2
5

Ludwigstraße
Karlstraße
Hochmeisterstraße
Bernhardstraße
Stadtgarten
Mozartstraße
Herrenstraße
Hermannstraße
tadt
Schoferstraße
traße
Burghaldering
viktstraße
bergring
Insel
Brücke
Dreisam
Oberau
3
4
1 Platz der Alten Synagoge
2 Universitätsbibliothek Freiburg
3 Erzbischöfliches Archiv
4 Augustinermuseum
5 Atrium
6 Pavillon am Ring
7 Quartier Unterlinden
8 Gerhard-Graf-Sporthalle
9 Amt für Liegenschaften und Wohnungswesen
10 CinemaxX und Geschäftshaus am Theater

1 Platz der Alten Synagoge

Platz der Alten Synagoge
Straßenbahn 1, 2, 3, 4, 5 – Stadttheater
faktorgruen Landschaftsarchitekten, Freiburg
Rosenstiel Architekten, Karlsruhe
2017

Dieser Platz hat das Zeug dazu, Freiburgs Image vom beschaulichen, mittelalterlichen »Städtle« zu korrigieren. Nicht ohne Grund wurde er zu seiner Eröffnung von manchen als die »neue urbane Mitte Freiburgs« bezeichnet. Und in der Tat: Welche Weite und Offenheit, wenn man aus den engen »Gässle« der eher kleinteiligen Altstadt kommt! Dieser Platz, der mit seinen 130 x 130 Metern auch als öffentlicher Versammlungs- und Veranstaltungsplatz konzipiert wurde, präsentiert sich als großzügiger, einladender Stadtraum und wird gefasst von prägnanten Bauten wie dem Stadttheater und den Universitätsbauten samt der ebenfalls neuen Universitätsbibliothek. Baumgruppen von älteren Platanen, Kastanien und neu gepflanzten Gleditschien bilden jeweils einen kleinen Hain, ohne den weit schweifenden Blick zu stören. Doch es sind nicht

nur die Größe und die Lage des Platzes, die ihn so auffällig machen – durch die Verlegung des Autoverkehrs in den Westen ist er zentraler geworden. Eigentlich ist Freiburgs Innenstadt eine Pflaster- und keine Plattenstadt. Doch hier liegen 3.000 helle, großformatige Granitplatten wie ein Teppich aus, gefasst von dunkelgrauem Basalt. Dass dieser aus dem fernen Vietnam und nicht aus regionalen Steinbrüchen stammt, ist einer der Kritikpunkte, die sich die »Green City« gefallen lassen musste. Auch hätten manche gerne mehr Rasen und Bäume gesehen, und der Umgang mit den Fundamentresten der von den Nazis zerstörten Synagoge wurde zu einem andauernden Streitpunkt.

Ein optischer und atmosphärischer Anziehungspunkt ist das dunkle, flache Wasserbassin im südlichen Teil des

Platzes: Es ist ein Denkmal, das an die namensgebende Alte Synagoge erinnert, die an dieser Stelle 1869/70 gebaut und von den Nazis im November 1938 zerstört wurde. Die Umrisse des Bassins zeichnen exakt deren Grundriss nach. Wer genau hinsieht, kann durch die ruhige Wasseroberfläche die 1963 von Karl Rissler gestaltete Bronzetafel erkennen und lesen. Im Kontrast zu der ausgewogenen Fläche sorgt ein lebhafter Fontänen-Brunnen auf der nördlichen Seite des Platzes im Sommer nicht nur bei Kindern für Jubelschreie, und sogar an einen kleinen Trinkbrunnen wurde gedacht.

Weil das Niveau beim Bau des neuen Platzes abgesenkt wurde – zuvor war dort eine Rasenfläche –, lagen nun die Wurzeln der in den 1960er Jahren gepflanzten Platanen frei. Um diese zu schützen und zu versorgen, wurden die einladenden Holzpodeste entwickelt: So verbindet sich jetzt das Nützliche mit dem Angenehmen.

So wie die benachbarte Universitätsbibliothek ihren Bücherschatz unterirdisch aufbewahrt, versteckt sich auch unter der Oberfläche dieses Platzes einiges: Technik und Versorgungsanlagen für Großveranstaltungen, Bewässerungssysteme für die Bäume – und Platz für Müll: Die Mülleimer bieten unterirdisch ein viel größeres Volumen, als es von oben scheint.

Wenn man zum Beispiel an einem Sommermorgen über den noch unbelebten Platz geht und über die ruhige, dunkle Wasserfläche der Gedenkstätte blickt, kann das ein sehr ergreifender Moment werden. Die ebenfalls dunkle und spiegelglatte Universitätsbibliothek mit ihren schiefen Kanten unterstreicht den fast dramatischen Moment. Zu anderen Zeiten wiederum wird der Brunnen vom alltäglichen Leben in Besitz genommen.

Die verloren geglaubten Fundamentreste der Synagoge wurden überraschend bei den Bauarbeiten des Denkmals gefunden. Darüber hatte es heftige Diskussionen gegeben. Schließlich wurden einige Steine in der obersten Schicht abgetragen und für eine spätere Verwendung – sie sollen im geplanten »Haus der Demokratie« am Rotteckring ausgestellt werden – gesichert. Der verbliebene Rest wurde überdeckt. Die Israelitische Gemeinde hatte sich für einen sichtbaren Verbleib der Steine am Fundort ausgesprochen.

2 Universitätsbibliothek

Platz der Universität 2
Straßenbahn 1, 2, 3, 4, 5 – Stadttheater
Degelo Architekten, Basel
2015

Als öffentliches Gebäude mit viel Platzbedarf steht die Universitätsbibliothek nicht nur mitten in der Stadt, sondern auch an einer städtebaulich schwierigen Stelle. Jede Seite ist mit einer anderen Situation konfrontiert. Kleinteilig nach hinten zur Milchstraße, großstädtisch nach vorne zur Werthmannstraße, steht sie der Jugendstil-Universität in rotem Sandstein gegenüber. Nebenan konkurrieren das helle neobarocke Stadttheater sowie der Platz der Alten Synagoge mit dem vergleichsweise filigranen Kollegiengebäude II aus den 1960er Jahren: Ziemlich viele Solitäre kommen hier zusammen.

Der Vorgängerbau von 1978 an dieser Stelle – ein sandsteinrot eingefärbter, kompakter Stahlbetonskelettbau – war nach gut 30 Jahren schon marode und wirtschaftlich nicht mehr tragbar. Für die energetische Sanierung wurde ein europaweiter Wettbewerb ausgeschrieben, den das Basler Büro Degelo Architekten gewann. Schon während des Baus der Universitätsbibliothek herrschte alles andere als Einigkeit über das exzentrische Gebäude. Auch die Architekturkritik war gespalten – was angesichts der ungewöhnlichen Form nicht überrascht. Eine schwarz glänzende Fassade springt vor und zurück, schräge Wände und schiefe Winkel dominieren: Das hat wenig mit einem Haus zu tun. Die glatte Fassade setzt sich aus scheinbar unregelmäßig angeordneten, dunkel mattierten Chromstahlpaneelen und Glasplatten zusammen, so dass sich die Umgebung als gebrochener Widerschein auf der glänzenden Fassade abbildet. Genau damit nimmt sich das Gebäude, obwohl es so dunkel und dominant wirkt, wieder zurück: Je nach Blickwinkel sieht man in der Fassade die kleinteilige oder großmaßstäbliche Umgebung. Abhängig von Wetter, Jahres- oder Tageszeit schimmert die Oberfläche in einem anderen Licht, und nachts leuchtet der dunkle Kristall von innen.

Die neue Universitätsbibliothek hat ein um 15.000 Kubikmeter kleineres Volumen als die alte. Dadurch und durch die reduzierte Oberfläche – bei vollem Erhalt der Grundfläche –, können jetzt zusammen mit Betonkerntemperierung, Brunnenwasserkühlung und Wärmerückgewinnung mehr als 60% der Energie eingespart werden. Wichtig für den Energiehaushalt ist auch das Fassadenglas, das nur 27% des Lichts und kaum Temperaturschwankungen durchlässt. So kann man in einem hellen Raum arbeiten, ohne von der Sonne gestört zu werden.

Das Foyer präsentiert sich Besuchern als weiter, transparenter Raum. Offene Blickachsen wie über das Café hinaus auf den Platz der Alten Synagoge oder schräg an den Treppen vorbei zum nächsten Innenhof lassen einen großzügigen Raumeindruck entstehen.

Der Materialeinsatz ist konsequent: immer sichtbar, nichts ist lackiert oder kaschiert. Auch die Haustechnik wie etwa Sprinkleranlage und Rohre liegen offen. Die Empfangs- und Cafétheken aus geöltem Eichenholz bilden einen Kontrast zum sichtbaren Beton und dem anthrazitfarbenen Fußboden.

Die offene Raumstruktur des komplett barrierefreien Baus zieht sich auch durch alle Arbeitsbereiche. Der Blickkontakt nach außen ist fast immer möglich, so dass man sich mit der Außenwelt verbunden fühlt und in den oberen Geschossen einen großartigen Blick über Freiburg hat. Bei ihren Nutzern ist die Universitätsbibliothek sehr beliebt: Die 1.700 Arbeitsplätze werden von täglich etwa 12.000 Besuchern genutzt.

An der Südostseite befindet sich im unteren Bereich eine Jalousie, die nur zweimal im Jahr heruntergelassen wird. Der Grund: An einigen Tagen im Herbst und Frühjahr spiegeln sich die Sonnenstrahlen an der Fassade so, dass sie die von der Rempartstraße kommenden Autofahrer blenden. Dieser Effekt war zuvor nicht bekannt und hat bei den Kritikern der neuen UB für viel Häme gesorgt.

Von außen sieht man der Universitätsbibliothek nicht an, was sie alles in sich birgt: Unter dem Gebäude befinden sich zwei Untergeschosse mit der Fläche je eines Fußballfeldes. Sie allein beherbergen 3,5 Millionen Bücher.

FREIBURG UND DIE UNIVERSITÄT

Das Freiburger Stadtleben und die Universität hängen eng zusammen. Es ist nicht nur der große Bevölkerungsanteil an Studierenden, der das kulturelle Leben in Freiburg beeinflusst, und auch nicht nur die Tatsache, dass die Universität der größte Arbeitgeber in Freiburg ist. Es sind auch die zentralen Universitätseinrichtungen, die das Stadtbild prägen. In vielen Städten ist der Uni-Campus auf die grüne Wiese ausgelagert, in Freiburg befinden sich die Universitätsbibliothek, die Institute der Geistes- und Sozialwissenschaften sowie der Rechtswissenschaften im Zentrum. Sie bestimmen – neben dem Stadttheater – hauptsächlich die Gestalt des zweitgrößten Platzes der Innenstadt, den Platz der Alten Synagoge: Die im Jahr 1457 gegründete Albert-Ludwigs-Universität ist im Wesentlichen eine

Stadt-Universität geblieben. Natürlich mussten im Laufe der Zeit einige Institute aus der Innenstadt »auswandern«, aber auch diese sind im Stadtbereich und gut erreichbar. Die Naturwissenschaften und die Mathematik, das sogenannte Institutsviertel, schließen sich nördlich an den Altstadtring an, noch weiter nördlich im beschaulichen Herdern folgen die Biologischen Institute, das Forschungsgebäude BIOSS, der Botanische Garten und Teile des Universitätsklinikums. Dessen weitläufiges Gelände liegt wiederum im Stühlinger, und nicht weit davon entwickelt sich auf einem Teil des ehemaligen Flugplatzgeländes die neue Technische Fakultät. Ein weiterer Standort ist im Osten: Dort befinden sich am Ufer der Dreisam die Sportanlagen und das Universitätsstadion.

3 Erzbischöfliches Archiv

Schoferstraße 3
Straßenbahn 1 – Oberlinden
Erzbischöfliches Bauamt Freiburg / Anton Bauhofer, Christof Hendrich
2002

Hermetisch wie ein schwerer, steinerner Tresor steht es da, gänzlich unbeeindruckt vom Tempo des lärmenden Verkehrs zwischen Altstadt und Schlossberg. Und es hat auch wahre Schätze zu verbergen: Im Erzbischöflichen Archiv stehen 10.000 Regalmeter, gefüllt mit Urkunden, Akten und anderen Schriftstücken, die zum Teil bis ins 10. Jahrhundert zurück reichen. Anders als die gläserne Universitätsbibliothek präsentiert sich das Archiv nicht transparent – auch wenn es für Besucher auf Anmeldung offen steht und einen zweigeschossigen Lesesaal bereithält. Denn es muss vor allem eines: lagern und bewahren. Diese Funktion trägt es erkennbar nach außen. Wie Papierstapel schichten sich unterschiedlich hohe Lagen aus rotem, grob behauenem Sandstein, unregelmäßig durchzogen von schmalen, glatten Bändern. Die

Fenster des Lesesaals wirken wie leicht herausgezogene, senkrechte Schubladenkästen. Die drei oberen Geschosse dagegen sind gänzlich fensterlos, um die wertvollen Dokumente zu schützen. Mit dem Sandstein zeigt das Archiv trotz seiner Randexistenz seine Zugehörigkeit zur historischen Altstadt, mit Blick zum Ordinariat und dem Münster, das vor etwa 800 Jahren aus dem gleichen Material gebaut wurde.

***Heizen wie die alten Römer:** Hinter der Fassade schützen 50 cm dicke Ziegelwände das sensible Papier vor Klimaschwankungen. Durch eine zusätzliche Verkleidung entsteht innen ein weiterer Hohlraum, durch den mit minimalem technischen Einsatz die Wärme geleitet werden kann – nach dem einfachen Prinzip der römischen Hypokaustenheizung und ganz ohne Klimaanlage.*

JULIUS
BISSIER
IM RAUM
MEINER
IMAGINATION
19.05. —
23.09.
2018
UND
OSTASIEN
AUGUSTINERMUSEUM

4 Augustinermuseum

Augustinerplatz
Straßenbahn 1 – Oberlinden
Christoph Mäckler Architekten, Frankfurt
2020

Das ehemalige Augustiner-Kloster mit gotischen und barocken Bauten wird schon seit 1923 als Museum genutzt. Mit den Jahren kam die Sammlung, immerhin eine der bedeutendsten in Südwestdeutschland, in den beengten und maroden Räumen nicht nur nicht zur Geltung, sie war sogar bedroht. Seit 2004 arbeitet nun der Frankfurter Architekt Christoph Mäckler an dem Großprojekt mitten in der Altstadt und wandelt das historische Ensemble zu einem modernen Museumsbetrieb um. Wenn wie geplant zum 900-jährigen Stadtjubiläum 2020 alles abgeschlossen ist, werden inklusive Planungszeit fast zwanzig Jahre vergangen sein. Bereits heute kommen rekordverdächtig viele Besucher, um die renommierte Kunstsammlung vom Mittelalter bis zum frühen 20. Jahrhundert aus dem Oberrheingebiet zu sehen.

Die neuen Innenräume strahlen eine mittelalterliche, fast sakrale Atmosphäre aus. Wie hat der Architekt das geschafft, ohne das Mittelalter einfach nachzubauen? Ein Schlüssel liegt in der Raumorganisation. Die ehemalige Klosterkirche etwa wurde in eine Skulpturenhalle umgewandelt und ist wie eine Basilika gegliedert: mit hohem Mittelschiff, niedrigeren Seitenschiffen, kleinen Kabinetten und Emporen. Hier befinden sich die originalen Münsterfiguren aus dem 14. Jahrhundert. Vom Obergaden schauen die Wasserspeier herunter und – ganz ungewohnt – nach innen. So kann man sie, wenn man den verwinkelten Treppen folgt, von oben und aus der Nähe betrachten. Das ist ein kluger Kunstgriff und ein Unikum. Überhaupt können die Blickbeziehungen, Ausblicke und Perspektiven aus immer wieder anderen Winkeln, von Balkonen, Stegen und Nischen hier zu einer Tagesbeschäftigung werden. Die Kunstwerke sind auf diese Weise einmalig inszeniert: Von der Orgel bis zu Kleinstformaten hat alles seinen richtigen Platz.

In der Salzstraße schließen sich an den Chor der Klosterkirche die Graphische Sammlung und logistische Bereiche an. Der dreiteilige Neubau nimmt mit Vor- und Rücksprüngen und unterschiedlichen Traufhöhen die Proportionen der mittelalterlichen Stadtstruktur auf. Eingebaute Spolien verweisen auf die alte, Baudetails wie die scharfen Profile der Dachgauben und des einzigen Fensters auf die heutige Zeit. Dass die Fassaden ansonsten fensterlos sind, fällt zunächst nicht auf, denn die gliedernde Funktion übernehmen die dort angebrachten Drucktypen – passend zum Inhalt des Hauses. Die Lettern fügen sich zu dem Wort »Augustinermuseum«, was sich das Auge durch die ungewohnte Leserichtung allerdings regelrecht erarbeiten muss.

Wenn mit dem dritten Bauabschnitt das Klausurgebäude und der Kreuzgang fertiggestellt sind, werden die Museumsbesucher einen Rundgang durch das Museum machen können. Da die vielen Bauten unterschiedlich hoch sind, wurden im Osthof über der Schatzkammer ein Glassteg und im Zentrum der Anlage die sogenannte Kleinodientreppe eingebaut. Diese hat ihren Namen von den kleinen Kunstwerken, die in 30 Glasvitrinen entlang der steinernen Wendeltreppe gezeigt werden. Sie ist aber selbst so etwas wie ein wertvolles Kleinod: Blickt man durch den Turm in die helle, elliptische Spirale, entsteht zusammen mit dem dunkel schimmernden Metall an Geländer und Vitrinen-Rahmen und den 125 kleinen Lichtern eine ganz feierliche Stimmung.

MUSEUMSSHOP AUGUSTINERMUSEUM

A S E S
U T R E
G I M U
U N U M

Innerhalb des Architektenstandes steht Christoph Mäckler für eine konservative Haltung. Diese vertritt der streitbare Architekt in vielen Schriften und am Lehrstuhl des von ihm begründeten Deutschen Instituts für Stadtbaukunst in Dortmund. Nach seiner Ansicht sollen sich neue Gebäude in die bestehende Stadtstruktur einfügen und zwischen Alt und Neu vermitteln. Er plädiert für geschlossene Plätze im Städtebau und historisierende Elemente in der Architektur, was bei vielen Kollegen auf Unverständnis stößt. Seine Haltung äußert sich aber auch darin, dass er hochwertige Materialien einsetzt und auf gute Handwerkskunst baut. Wenn man im Augustinermuseum auf Details wie Fensterlaibungen oder Säulensockel achtet, kann man Mäcklers Handschrift gut erkennen.

5 Atrium

Augustinerplatz 2
Straßenbahn 1 – Oberlinden
Michael Geis, Freiburg
1991

Ist es möglich, ohne Herz weiter zu existieren? Für das 1991 errichtete Atrium muss das die Zukunft zeigen. Denn die krönende Glaskuppel, laut Architekt Michael Geis das Herz des Gebäudekomplexes, fiel im Jahr 2016 einem Umbau zum Opfer. Gleichwohl beherrscht das Atrium mit seiner ruhigen Risalitfassade noch immer die Freifläche am ehemaligen Stadtgraben. Es thront über der Sitztreppe, ohne dem pittoresk historisierten Stadtmauerrest die Schau zu stehlen. Gleich mehrere städtebauliche Herausforderungen waren bei der Planung zu bewältigen. So schließt die Südfassade den Platz gegen die mittelalterliche Schneckenvorstadt ab und nimmt den Schwung der alten Stadtgrenze auf. Sandstein und Sprossenfenster zitieren die Architektur der umliegenden Bauten. Vier Meter Höhenunterschied waren zu überwinden. Zur nördlich gelegenen Grünwälderstraße hin integriert das

Wohn- und Geschäftshaus die denkmalgeschützte Fassade der früheren Zehntscheuer. Dass sich das ursprüngliche Konzept der innenliegenden Ladenpassage in der »nördlichsten Stadt Italiens« nicht getragen hat, ist wenig verwunderlich. Bobbele, wie die Freiburger auch genannt werden, und Touristen drängt es ins Freie, auf der großzügigen Treppe auch ganze Sommernächte lang.

Zwei Gehminuten östlich steht ein weiterer markanter Bau des Architekten Michael Geis, die 1989 entstandene Hausbrauerei Feierling. Hier mischen sich historische Architekturzitate wie Säulen mit moderner Transparenz zum Straßenraum.

6 Pavillon am Ring

Europaplatz
Straßenbahn 4, 5 – Europaplatz
Jürgen Mayer H., Berlin
2019

Für dieses kleine Schmuckstück am nördlichen Rand der Altstadt lud die Freiburger Stadtbau fünf Architekten zu einem Wettbewerb ein, den das Berliner Büro Jürgen Mayer H. 2016 für sich entschied. Der gläserne Bau wirkt leicht und luftig, das verspielte Holzdach ruht auf filigranen Stahlstützen und dehnt sich in unregelmäßig geschwungenen Formen entlang der Südseite des Platzes aus. Bäume dürfen durch Aussparungen durch die Decke wachsen. »Ganz leicht, fast schmetterlingshaft«, urteilte der Juryvorsitzende Zvonko Turkali, der inzwischen auch Vorsitzender des Freiburger Gestaltungsrats ist.

Wie an anderen Stellen an den ehemaligen Stadtgrenzen dehnt sich auch an diesem Platz die Innenstadt aus, indem der Autoverkehr fußgängerfreundlicher geführt wird. Die Umsteigehaltestelle

In starkem Kontrast zum leichten, hellen Pavillon steht nebenan das dunkle, monumentale Siegesdenkmal. Die Siegesgöttin Victoria war 1876 in Erinnerung an den Deutsch-Französischen Krieg (1870/71) vor der ehemaligen Karlskaserne mit Blick zur Innenstadt aufgestellt worden. 1962 wurde sie wegen des autogerechten Ausbaus des Friedrichrings weiter nach Westen an eine unscheinbare Stelle versetzt. Die erneute Platzierung – ebenfalls aufgrund der Verkehrsplanung – an den alten prominenten Ort löste Diskussionen zum Umgang mit historischen Denkmälern und den Wunsch nach einer zeitgemäßen Interpretation aus.

hatte sich zuvor auf einer Verkehrsinsel auf dem stark befahrenen Platz befunden. Der Pavillon ist jetzt nicht nur eine gut erreichbare Haltestelle, sondern die integrierte Gastronomie macht aus der trivialen Wartezone eine Aufenthaltszone.

City Hotel
CITY

AUF DER SUCHE NACH QUALITÄT: DER GESTALTUNGSBEIRAT

Köln, Konstanz, Münster oder Mannheim: Rund 40 Städte in Deutschland haben einen Gestaltungsbeirat. Eine solche unabhängige Instanz kann zu einer qualitätsvollen Architektur und Stadtplanung beitragen, indem sie bereits in der Planungsphase berät, mit Investoren und Bauverwaltung spricht, Bedürfnisse der Bürger und Anwohner berücksichtigt, also vermittelt und schließlich eine Empfehlung abgibt. Das Freiburger externe Beratungsgremium hat im Februar 2014 seine Arbeit aufgenommen und seitdem in durchschnittlich fünf Sitzungen 13–14 Bauvorhaben pro Jahr begutachtet. Der Stadt Freiburg ist das Streben nach Qualität jährlich

50.000 Euro und anderthalb Personalstellen wert. Derzeit besteht der Gestaltungsbeirat aus der Stadtplanerin Miriam Weyell (Zürich), dem Professor für Landschaftsarchitektur Wigbert Riehl (Kassel), der Architektin und Vizepräsidentin der Deutschen Gesellschaft für nachhaltiges Bauen, Anett-Maud Joppien (Frankfurt) und dem Architekt und Fachpreisrichter Johannes Ernst (München). Den Vorsitz hat der Frankfurter Architekturprofessor Zvonko Turkali. Die Sitzungen sind meistens öffentlich und werden von den Freiburgern interessiert verfolgt.

7 Quartier Unterlinden

Fahnenbergplatz 2
Straßenbahn 5 – Fahnenbergplatz
WWA Architekten, München
2010

Am historischen Stadtrand bilden zwei Gebäude das Quartier Unterlinden. Auch wenn es kaum noch zu sehen ist: Hier wandelt man entlang den Spuren der Stadtmauer. Den alten Verlauf zeichnet das Sparkassen-Gebäude nach. Der Kontrast zu seinem Nachbarn könnte kaum größer sein. Während der horizontale Quader des Sparkassen-Gebäudes einen Blockrand bildet und – wie es sich für eine Stadtmauer gehört – eine Natursteinfassade zeigt, steht daneben als Solitär ein vertikal ausgerichtetes Punkthaus mit rundum transparenter und einheitlich gerasterter Glasfassade, lediglich aufgelockert durch schräg eingesetzte, leicht überstehende Fenstergläser. Die Fenster des flacheren Baus, der immerhin über sechs Geschosse verfügt, sind dagegen unregelmäßig groß. Zwischen beiden Bauten liegt der »kleine Friedrichring«. Die Anordnung folgte einem größeren Plan: Der Fahnenbergplatz war zuvor nichts anderes als eine vergrößerte Verkehrsinsel, auf der sich niemand gerne aufhielt. Durch die Umgestaltung des Platzes, die Wegeführung und Öffnung auch zum Institutsviertel nach Norden sollte das ganze Ensemble freundlicher werden.

Folgt man dem Verlauf der »Mauer« in die andere Richtung, kommt man zu einer weiteren Reminiszenz an alte Zeiten: zum Predigertor. Dieser Turm mit seinem luftig wirkenden Dach bildet seinerseits mit dem angrenzenden fünfgeschossigen Geschäftshaus ein Ensemble und wurde 1995 eingeweiht. (Architekten: Harter + Kanzler, Waldkirch). Mit seinen 35 Metern ist er nach dem Bahnhofsturm das zweithöchste moderne Gebäude in Freiburgs Innenstadt. Vom gläsernen Aufzug hat man einen tollen Blick über Freiburg, und in der Tiefgarage finden sich noch Fundamentreste des ersten Predigertors aus dem Mittelalter, das seinen Namen vom nahe gelegenen Dominikanerkloster (genannt »Prediger«) hat.

terzo
zentrum

8 Gerhard-Graf-Sporthalle

Friedrichstraße 51
Straßenbahn 5 – Fahnenbergplatz
Architektengruppe F70, Freiburg
1998

Verzweifelt sucht das Auge etwas zum Andocken. Historische Zitate? Fehlanzeige. Typische Freiburger Materialwahl? Auch nicht. Bauformen der nahen Altstadt? Keine zu entdecken. Die Gerhard-Graf-Sporthalle ist trotz ihrer Eigenschaft als Erweiterung der Richard-Fehrenbach-Gewerbeschule ein höchst eigenständiger Bau, der sich selbstbewusst an einer der nüchternsten Ecken Freiburgs präsentiert.

Die Sporthalle begrüßt ihre Besucher über der Tür mit dem Georgskreuz als Stadtwappen, verlässt dann aber baulich den Breisgau und holt mit rotem Sichtmauerwerk nordisches Flair in den Süden. Klares Blau setzt Akzente an Eingangsbereich, Fenstern und Oberlichtern. Lisenen klettern die Hauptfassade nach oben, was für Dynamik an der erst im Attikageschoss durch Fensterbänder belichteten Turnhalle sorgt.

Das Dach scheint darüber zu schweben und verleiht dem Zweckbau Leichtigkeit. Durch den niedrigeren Anbau im Westen wirkt das Dachgeschoss höher und dank der Gliederung der Südwand auch wesentlich graziler. Die mögliche Dreiteilung der Sporthalle lässt sich am Mauerwerk ablesen. Während drinnen die Nutzer springen, rennen und schmettern, übt sich der Außenbau derweil im Klettern und Schweben.

Ausgezeichnet beim Wettbewerb »Beispielhaftes Bauen Freiburg 1988 bis 1998«.

9 Amt für Liegenschaften und Wohnungswesen

Fahnenbergplatz 4
Straßenbahn 5 – Fahnenbergplatz
Architektengruppe F70, Freiburg
1998

Das aus dem Jahr 1954 stammende, denkmalgeschützte Grand Hôtel der französischen Besatzung wurde nach heftigen Protesten abgerissen. Es musste an städtebaulich exponierter Stelle Platz machen für ein Dienstleistungszentrum. Der auf asymmetrischem Grundriss entstandene Baukörper gliedert das Erdgeschoss mit für Freiburg typischen Kolonnaden und vermittelt so zwischen der nahen Altstadt und dem modernen Quartier Unterlinden. Es muss zudem die schwierige Lage zwischen dem malerischen Colombischlössle mit seinem Park und dem denkmalgeschützten AOK-Gebäude aus den frühen 50er Jahren meistern. Dies tut es mit klarem Selbstbewusstsein. Eine Art, historische Bausubstanz hervorzuheben, ist ein klarer Gegensatz. So, wie eine Pastellfarbe neben Schwarz mehr auffällt, grenzt sich das Haus zur benachbarten Beschaulichkeit bewusst ab. Den Straßenschwung in der Fassade aufnehmend, passt es sich der fast 50 Jahre älteren AOK an, die es bis zu ihrer Aufstockung sogar überragt hatte. Das Attikageschoss mit seinen kleinen Öffnungen setzt einen Kontrast zu den Fensterbändern der mittleren Geschosse. Auf der Seite zur Rosastraße umarmt das Gebäude mit zierlichen Stützen den mittelalterlichen Gewerbekanal.

Der Gewerbekanal durchfließt dieses Karree offen von der Colombistraße her. Trotz der fast völligen Vernichtung dieses Gebietes im Zweiten Weltkrieg ist hier trotz des geschäftigen Treibens rundum manch kleine, entspannt plätschernde Oase entstanden.

Grundstück 12.000 m², 6.200 m² Nutzfläche

10 CinemaxX und Geschäftshaus am Theater

Bertoldstraße 50
Straßenbahn 1, 2, 3, 4, 5 – Stadttheater
Georg Schröbben und Udo Breidung, Aachen
1997

Am Ende steht ein großes X – für das maximale Vergnügen? Oder für die Ungewissheit? Wer eine Kinokarte kauft, ist zunächst überwältigt von Ton und Bildern. Der rote Faden fehlt noch; anfangs ist alles unübersichtlich. Auch wer vor dem CinemaxX steht, kann die Größe des Hauses kaum ermessen. An der Fassade hochzuschauen wie auf den Rasiersitzen im Saal ist ungemütlich. Doch mit etwas Abstand lassen sich das Gebäude (und eine Filmhandlung) gut erfassen. Der abgedroschene Name »Glaspalast« drängt sich auf, denn dieser Baustoff spielt eindeutig die Hauptrolle an der Ecke Bertold- und Moltkestraße. Auch das östlich hiervon gelegene Geschäftshaus spiegelt die lebhafte Stadt in seinen Scheiben. Ziel der Architektursprache war es laut den Projektentwicklern der Freiburger SF-Bau, die einmalige Stellung des Theaters durch eine völlig andere Bauweise und Materialverwendung hervorzuheben. Die glatte Transparenz der Zukunft reibt sich an den verbliebenen Resten des Jugendstils. Ähnlich abgenutzt wie der »Glaspalast« ist die Phrase von den Gegensätzen, die sich anziehen. Doch davon lebt die Architektur – und die meisten Liebesfilme.

Bei der Eröffnung im Oktober 1997 war es das damals größte Freiburger Kino mit neun Sälen und 2.210 Plätzen.

BAHNHOFS- & BUSINESSACHSE

TANZ DER SOLITÄRE

Die Innenstadt dehnt sich aus – und zwar vor allem nach Westen. »Go West« lautete bereits in den 1980er Jahren das Motto der Planungen, die Innenstadt vor allem in Richtung Bahnhof zu vergrößern. Um das zu ermöglichen, musste der Verkehr ebenfalls nach Westen verlegt werden. Die Achse vom Hauptbahnhof nach Süden, von der Bismarckallee über die Schnewlin- und Heinrich-von Stephan-Straße, wurde vierspurig ausgebaut, damit der Verkehr frei fließen kann. Es war naheliegend, die gute Erreichbarkeit mit Auto und Bahn zu nutzen und aus dieser Straßenachse eine repräsentative Adresse für Büros und Geschäfte zu machen. Den Anfang machten Hotels in direkter Bahnhofsnähe und das Konzerthaus, in dem auch Kongresse stattfinden, sowie die Industrie- und Handelskammer (IHK). Es folgten der neue Hauptbahnhof und im Lauf der Jahre weitere Gewerbe-Neubauten – bis heute ist der Prozess noch nicht abgeschlossen. Einige brach liegende Grundstücke – darunter das ehemalige Postareal, das alleine schon eine Fläche von drei Fußballfeldern einnimmt – begünstigten diese Entwicklung. Dort stehen jetzt das Hölderle-Carrée und die »Businessmile«, im Bau sind derzeit noch drei »Milestones«, wie das mit einigen Bauten beteiligte Unternehmen Strabag die Büroflächen bewirbt.

Insgesamt sieht die Planung vor, dass hier überwiegend hochwertige, mehr oder weniger zurückhaltende, fünf- bis sechsgeschossige Dienstleistungsbauten die Straße flankieren. Doch einzelne Bauten dürfen aus der Reihe tanzen, ganz besonders an den Knotenpunkten wie dem Autobahnzubringer oder am Basler Tor – wie zum Beispiel das redOne oder Schnewlin 12. Und der Tanz der Solitäre geht weiter: Die Verlängerung dieser Business-Achse führt über die Merzhauser Straße in den Stadtteil Vauban, der bei dieser Gelegenheit auch stärker ans Zentrum angebunden wurde. Auch hier mischen sich markante, expressive Bauten unter den Bestand.

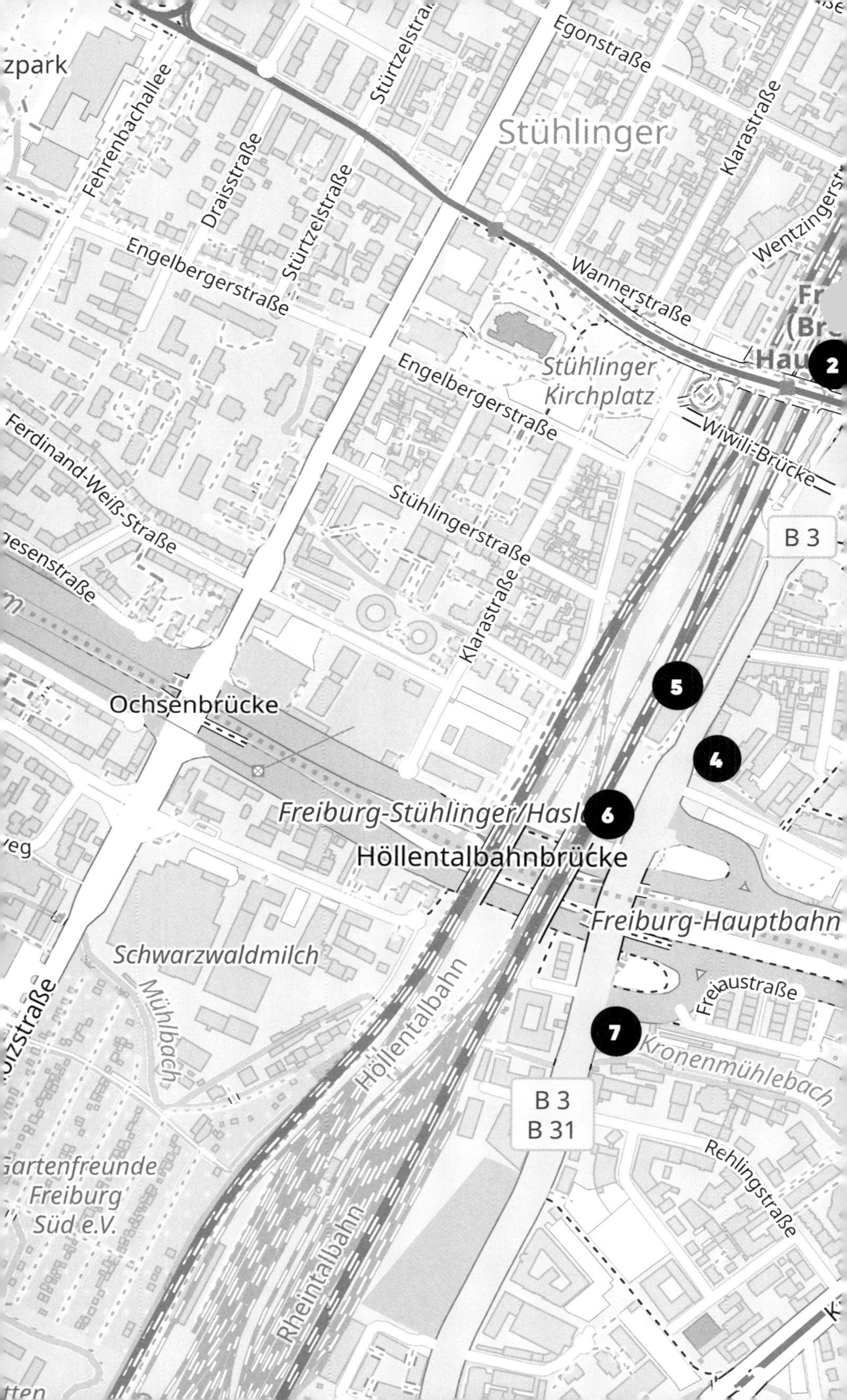
Stühlinger
Egonstraße
Stürtzelstraße
Klarastraße
Fehrenbachallee
Draisstraße
Stürtzelstraße
Wentzingerstraße
Engelbergerstraße
Wannerstraße
2
Engelbergerstraße
Stühlinger Kirchplatz
Wiwili-Brücke
Ferdinand-Weiß-Straße
Stühlingerstraße
B 3
Klarastraße
5
Ochsenbrücke
4
6
Freiburg-Stühlinger/Hasl
Höllentalbahnbrücke
Freiburg-Hauptbahn
Schwarzwaldmilch
Freiaustraße
Mühlbach
Höllentalbahn
7
Kronenmühlebach
B 3
B 31
Rehlingstraße
Freiburg
Süd e.V.
Rheintalbahn

K 9859
Hebelstraße
Röderstraße
Bismarckallee
Rosastraße
Poststraße
Weberstraße
Unterlinden
Schiffstraße
Rotteckring
Eisenbahnstraße
Gauchstraße
Turmstraße
Rathausgasse
Altstadt
Schusterstraße
Niemensstraße
Salzstraße
Grünwälderstraße
Milchstraße
Belfortstraße
Gerberau
Fischerau
Wilhelmstraße
Glacisweg
Wallstraße
Dreisam
Basler Straße
L 124
Mittelwiehre
1 Hauptbahnhof
2 IntercityHotel
3 Konzerthaus & Novotel
4 IHK – Industrie- und Handelskammer
5 Xpress
6 Schnewlin 12
7 redOne

1 Hauptbahnhof

Bismarckallee 5-7
Straßenbahn 1, 2, 3, 4 / Bus 11, 14, 23 – Hauptbahnhof
Harter + Kanzler Architekten, Freiburg
1999

Einen langen Weg haben Bahnhöfe hinter sich. Vom bloßen Verteilzentrum für Zugfahrende verwandelten sie sich in angesagte Locations mit Gleisanschluss. Wo früher ein Kiosk ausreichen musste, locken heute Cafés, Buchläden und Shops. Um nicht nur Reisende anzuziehen, müssen sie sich architektonisch unübersehbar machen. Dies gilt besonders für moderne Bauten, die noch nicht ihren selbstverständlichen Platz in der Stadt haben. Sie müssen ihn mühselig erobern und sind schon in der Planphase etlichen Anfeindungen ausgesetzt. So auch hier im »Breisgaustädtle«. Die eierlegende Wollmilchsau war gesucht, nachdem der Vorgängerbau – ein niedriges Provisorium aus der Nachkriegszeit – ersetzt werden musste. Bitte geräumig, aber gleichzeitig gemütlich. Bitte finanziell einträglich, aber mit nicht zu viel Kommerz. Bitte hoch, aber nicht mächtig. Bitte modern, aber perfekt ins Stadtbild passend. Und bitte großzügig, aber nicht zu teuer! Nach Westen hin schließt ein sechsstöckiger Riegel den 1999 eröffneten Hauptbahnhof zum Stühlinger hin ab. Die beiden Türme – der nördliche 44 Meter, der südliche 60 Meter hoch – umstehen den Block wie Wächter einen Schatz. Die etwas älteren Gebäude des IntercityHotels und des Planetariums reihen sich dazu.

Symmetrie scheint ein Fremdwort zu sein, aber zu viel davon könnte in bloße Langeweile münden. Stattdessen hebt und senkt sich die Silhouette, eine markante Skyline bildend. Wer dieses Gebäude ablehnt, hat es noch nie bei Nacht gesehen, wenn die Lichter des hochgelegenen Neko-Clubs über der Schwärze der Nacht zu thronen scheinen. Ein in warmen Farben leuchtendes Luftschiff, das sich anschickt, den ansonsten dunklen Turm zu verlassen. Und es doch nicht tut. Weil dieser Bau seinen Platz im Stadtbild gefunden hat. Großzügig ja, doch nicht zu mächtig.

! ***Die Solaranlagen an den Türmen repräsentieren die »Green City« und sind als Ausgleich zu einem ursprünglich nicht genehmigten Verbindungssteg zwischen den Türmen gedacht.***

2 IntercityHotel

Bismarckallee 3
Straßenbahn 1, 2, 3, 4 / Bus 11, 14, 23 – Hauptbahnhof
Lamm Weber Donath Architekten, Stuttgart
1992

Gerüchten zufolge gibt es nur zwei Arten von Menschen auf der Welt: Diejenigen, die schon in Freiburg leben und diejenigen, die noch hinwollen. Das IntercityHotel spielt mit eben diesen Sehnsüchten. Sandsteinfarbene Platten verorten es in die Region Baden, während der spiegelnde Teil der Fassade die ankommende Welt zeigt: die Züge, die Bahnen, die Menschen. Trotz moderner Formen und hochtechnisierter Umgebung hat dieser Platzhirsch etwas beruhigend Traditionelles. Die Doppelkolonnaden zitieren die Geschäftshäuser der Altstadt. Wie die Strebepfeiler am Münster lehnen sich stützende Bauteile an die Südfassade. Den auf Schienen Reisenden stellt sich das Hotel in den Weg, wirbt mit seinem Vorbau um die Bustouristen und tut durch seine Eigenständigkeit dem ebenfalls aus den 1990er Jahren stammenden Bahnhof nicht weh. Reisen hat jedoch auch immer mit Abschied

zu tun. So hat 2017 für einen vertrauten Nachbarn in der Skyline das letzte Stündlein geschlagen: Die ebenfalls in Brauntönen gehaltene Volksbank wird durch einen streng gerasterten Neubau von Hadi Teherani ersetzt und 2021 bezogen. Der »Hauch von Manhattan«, den der Vorgängerbau 1974 nach Freiburg gebracht hatte, bleibt der Bahnhofsachse erhalten.

Der »Atlas« von Jörg Bollin, der einen Teil der Fassade trägt, scheint gebeugt von seiner Last. Nach der Erteilung des Auftrages für diese Kunst am Bau zerlegte der mit dem Entwurf unzufriedene Künstler sein Tonmodell in kleine Scheiben. Aus diesen Teilen fügte er die Skulptur wieder zusammen. Die leicht versetzten Segmente geben dem »Atlas« von 1992 ein schemenhaftes Aussehen, gleich einem flüchtigen Blick aus einem fahrenden Zug.

3 Konzerthaus & Novotel

Konrad-Adenauer-Platz 1
Straßenbahn 1, 2, 3, 4 / Bus 11, 14, 23 – Hauptbahnhof
Dietrich Bangert , Berlin
1996

Hier musste es die große Lösung sein: Die zentrale Lage, hohe technische Anforderungen und Unverwechselbarkeit stellten schon im Vorfeld enorme Anforderungen an den Architekten. Dazu kamen lange, oft ergebnislose Diskussionen, ob Freiburg solch ein Gebäude überhaupt braucht. Nach vielen Demonstrationen, einem Bürgerentscheid und einem zeitlichen Abstand von über 20 Jahren steht fest: Das Konzerthaus hat sich nach einem schwierigen Start unverzichtbar gemacht. Die Eignung des Hauses für Konzerte, Tagungen und Empfänge festigt seinen guten Ruf weit über die Grenzen der Stadt hinaus. Großzügig, aber keineswegs protzig hat der Architekt diese Aufgabe gelöst. Ein wichtiges Gestaltungselement ist dabei das Licht, welches schon auf dem Vorplatz an sonnigen Tagen heitere helle Flecken auf das Pflaster streut. Für Lebendigkeit sorgt auch die laut Architekt Dietrich Bangert durchgehende Dramaturgie des Lichts – sei es von der Sonne ausgehend, sei es durch das Beleuchtungskonzept im Inneren. Der Stahlbetonbau zeigt sich zur Hauptfassade hin offen mit einem Vordach, das Raum für Begegnung zwischen den Nutzern bietet. Für Bangert ist es nicht eine bloße Überdachung, sondern eine Stadtloggia, ein kleines Stück Stadt unter einem Dach. Wer den Vorplatz betritt, ist quasi schon im Haus. Im Gegensatz dazu ist die meist im Schatten liegende Fassade zur Bertoldstraße als Kolonnade gestaltet und bereitet die Passanten auf die Loggia vor, die den Bau nach Westen abschließt. Mit dem benachbarten Novotel lenkt eine scharfe Straßenkante die Blicke auf die beiden völlig unterschiedlichen Gebäude, welche mit ihren Dreiecksformen in Grundriss und Dach doch aufeinander Bezug nehmen. Das zwei Jahre ältere Hotel kontrastiert durch seinen wie erstarrt wirkenden, strengen Baukörper mit der lichten Offenheit des Konzerthauses und den tanzenden Kegeln davor.

Der große Saal des Konzerthauses lässt sich durch hydraulisch lenkbare Höhenänderungen den jeweiligen Anforderungen anpassen – ob Konzerte, Kongresse oder Bürgerversammlungen. Ferner stehen kleinere Säle und Seminarräume zur Verfügung. Der runde Saal in der sogenannten Trommel ist mit umlaufender Galerie gestaltet und verströmt eine an ein Amphitheater erinnernde Atmosphäre. Für repräsentative Empfänge wird auch gern das großzügig verglaste Foyer genutzt. Bei solchen Empfängen sind die Besucher auf mehreren Ebenen mitten im Geschehen, ähnlich wie in den Logen eines Opernhauses. Architekt Dietrich Bangert hat sicher nicht übertrieben, wenn er ausruft: »Ich glaube gar, der ganze Tempel singt.«

Es dauerte noch einige Zeit nach der Fertigstellung des Konzerthauses, bis die Stuttgarter Künstlerin Andrea Zaumseil im Jahr 2000 ihre tanzenden Kegel aufstellen konnte. Die vier Kunstwerke, jedes über drei Meter hoch, beleben den Platz mit seinen Ecken und Kanten durch ihre wirbelnde Lebendigkeit und passen zum nahen Musentempel als Symbole für Musik und Tanz.

Verbaut wurden: 30.000 m^3 Beton und 6.500 Tonnen Betonstahl. Die Länge der Fernheizungsrohre beträgt 15 Kilometer. Eine Glasscheibe des Foyers wiegt etwa 600 Kilogramm.

4 IHK – Industrie- und Handelskammer

Schnewlinstraße 11-13
Bus 11 – Faulerstraße
Harter + Kanzler Architekten, Freiburg
1992

Das »Rathaus der Wirtschaft« befindet sich nicht an repräsentativer Stelle, doch verkehrsgünstig gelegen und daher auch mit Auto, Zug und Nahverkehr zu erreichen. Auf einem Gelände an der alten Pferdeschwemme des Gewerbekanals waren Altbauten und kriegszerstörte Reste von Altbauten – doch gerade diese Reste waren so bedeutsam, dass sie in den 1980er Jahren unter Denkmalschutz gestellt wurden. Denkmalschutz bedeutet auch eine gewisse Stilreinheit, eine prägende Eigenschaft einer Epoche zu repräsentieren. Etwas, das der 1992 fertiggestellten IHK schon jetzt spielend gelingt. Zunächst war angedacht, historische Relikte in den Neubau zu integrieren, wovon aber Abstand genommen wurde. Den Wettbewerb zur Neugestaltung des Grundstücks gewann das Architektenteam Harter + Kanzler. Die zweistöckigen Kolonnaden machen das Gebäude im Foyerbereich

leicht, was nicht nur einladend wirkt, sondern auch Transparenz vermittelt. Die verglaste Wandfläche vermittelt Passanten und Betrachtern das Gefühl, gleichsam schon im Gebäude zu sein. In Zeiten des allgegenwärtigen Arguments der Wirtschaftlichkeit muss Auftrumpfen vermieden werden, was jedoch Schönheit und Ästhetik nicht ausschließt.

Das gleiche Architektenteam hat auch den Bahnhofsneubau entworfen.

Die alte Pferdeschwemme der einst dort befindlichen Riegeler Brauerei ist südlich der IHK am Gewerbekanal noch erhalten.

PARTIZIPATION UND ANEIGNUNG

Wenn die Wirtschaft für die Wirtschaft baut, geht das oft auf Kosten der Bewohner, die vorher da waren. Im Fall dieser aktuellen Businessmeile gab es vergleichsweise wenig Reibungsfläche – ganz anders als in den 1970er Jahren, als der Bau des Autobahnzubringers Wohnungen zerstörte und zur Initialzündung des Freiburger Häuserkampfes wurde. Trotzdem gibt es Stimmen, die die einseitige Büronutzung und die nicht vorhandene städtebauliche und soziale Durchmischung kritisieren. Das macht sich besonders an den Berührungspunkten mit dem Viertel »Im Grün« fest, einem Stadtteil, in dem sich Wohnen, Arbeiten und Kultur mischen, und der eine gewisse

alternative Tradition hat: Hier befinden sich selbstverwaltete Projekte wie die Spechtpassage und das Grethergelände, auf dem das Mietshäuser Syndikat Anfang der 1990er Jahre entstand. Als die IHK sich 2015 auf das angrenzende Grundstück erweitern wollte, auf dem sich der Szene-Club »Crash« befindet, bildete sich aus Anwohnern und anderen Engagierten die Initiative »Flurstück 277«. Sie erarbeitete ein Konzept mit Clubs, Kleingewerbe und Wohnungen, um so die Lebendigkeit und die Kultur des Viertels zu erhalten. Mit vorläufigem Erfolg: Die Entscheidung über den Verkauf wurde vom Gemeinderat zunächst aufgeschoben.

5 Xpress

Schnewlinstraße 10
Bus 11 – Faulerstraße
Pfeifer Kuhn Architekten, Freiburg
2008

Wer hier hinwill, muss sich als Haus schon anstrengen. An der Schnewlinstraße geht klein-klein definitiv nicht mehr. Architektonische Platzhirsche sind gefragt, die die richtige business-kompatible Ausstrahlung haben. Und das gewisse Etwas, das sie von anderen streng gerasterten Steinquadern unterscheidet. Beim Xpress-Gebäude kommt der Aha-Effekt fast zuletzt, wenn man auf der Ausfallstraße Richtung Süden fährt. Fenster an Fenster – und plötzlich ein X. Ein Buchstabe, der nicht nur ein roter Blickfang ist, sondern ein ganzes Gebäude zu tragen scheint. Und das im doppelten Sinne: Denn denkt man sich die farbige Stütze weg, ergäbe das nur eine dunkle Erdgeschosszone von vielen, an der man im Auto vorbeirauscht. Für den Fall der Fälle ist der große Buchstabe nachts beleuchtet und verpasst Freiburg einerseits etwas Großstadtflair, aber auch die spie-

lerische Leichtigkeit der 50er Jahre. Einen reizvollen Kontrast zur Schwere der vielen Geschosse bietet auch der Mittelteil mit seiner gläsernen Transparenz, die – je nach Sonnenstand – immer wieder andere Muster an die Fassade zaubert. Letzteres nimmt dem Riegel weitere Strenge und stimmt zudem Ankommende auf die Bahnhofsmeile ein.

Obwohl der Bau so mächtig erscheint, ist er doch auf einem schmalen Grundstück zwischen Bahnlinie und Straße entstanden – eine Herausforderung für die Architekten. Der Name des Baus bezieht sich auf die früher hier stehende Expressguthalle.

6 Schnewlin 12

Schnewlinstraße 12
Bus 11 – Faulerstraße
hotz + architekten, Freiburg
2017

Egal von welcher Seite man sich nähert, der kleine siebengeschossige Büroturm fällt auf. Auf kleinem, leicht trapezförmigem Grundriss gebaut, schert eine Kante nach oben steil auf und vergrößert die Grundfläche in den oberen Geschossen. Die Asymmetrie hat eine enorme Wirkung: Die Straßenachse mit der auf gleicher Höhe durchlaufenden, wenn auch unterbrochenen Traufkante des Xpress wird aufgenommen und bekommt am Ende, kurz vor der Dreisam, auf einmal eine unerwartete Dynamik. An der Front zur Schnewlinstraße präsentiert sich eine zweifach gekrümmte Glasfassade, die zu Vergleichen mit einem »Kristall« verleitet hat. Von manchen seitlichen

Perspektiven scheint der Bau gera-dezu zu kippen.

Eigentlich plante die Strabag Real Estate an dieser Stelle einen Hotelturm. Doch die Freiburger Stadtplaner waren dagegen, auch weil ein weiteres Hoch-haus an dieser Achse dem Bahnhof mit IntercityHotel den Rang abgelaufen hätte. Sie wollten einen »baulich-räum-lichen Abschluss auf der Südseite der Schnewlinstraße zu den Brücken über die Dreisam«. Das ist hotz + architekten auf elegante Weise gelungen. Und ein Hingucker ist das Gebäude dennoch.

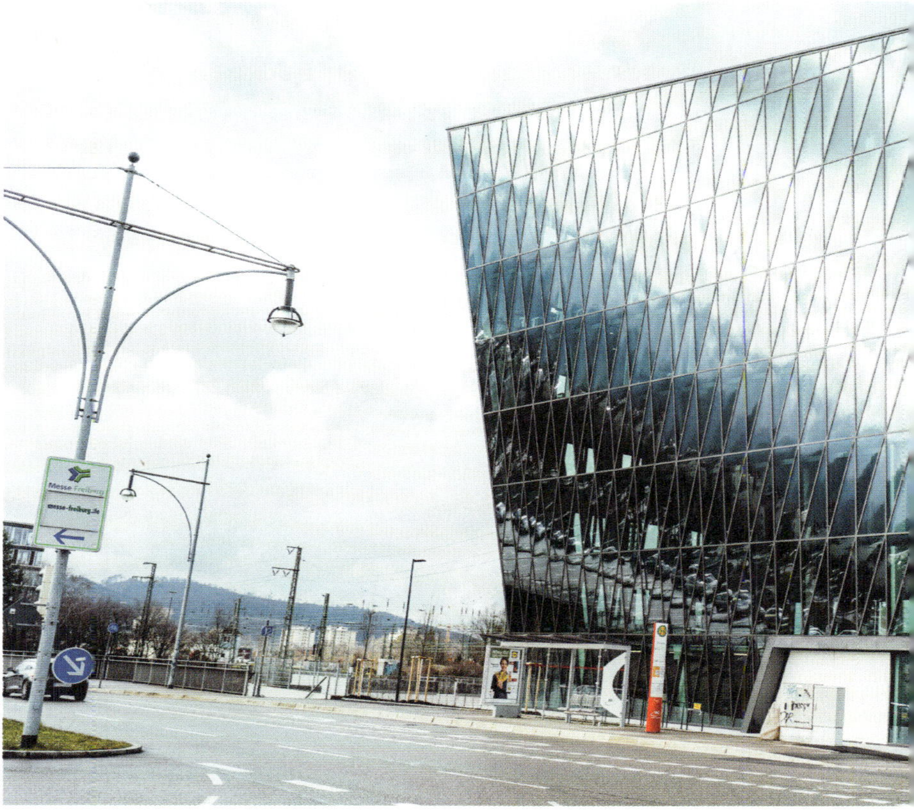

7 redONE

Heinrich-von-Stephan-Straße 20
Bus 11 – Rehlingstraße
Geis & Brantner, Freiburg
2016

Harte Schale, weicher Kern – das könnte auf den rostroten Würfel mit stählerner Haut zutreffen, der prominent am Kreuzungsknoten zum Autobahnzubringer Mitte steht. Zumindest wenn man das redOne von außen betrachtet, präsentiert es sich ganz anders als das transparente Schnewlin 12, sein in luftige Höhen zeigender Nachbar schräg gegenüber. Das redOne ist kompakt, hermetisch und erdgebunden wie die Farbe des leuchtenden Cortenstahls. Vielleicht wirkt es deshalb so schwer, weil es eigentlich keine durchgehende Sockelzone hat? Nur der hohe gläserne Eingangsbereich an der Ecke ist rund und offen – ein klarer Kontrast zu dem kantigen, rauen Charme dieses Gebäudes. Auch die unregelmäßig großen Fenster lockern

die Strenge ein wenig auf. Wenn die Sonne das Gebäude anstrahlt, leuchten das warme Rostrot und das kühle Blau der Fenster um die Wette. Im Innern sind die Bürogrundrisse flexibel, können also individuell an die Bedürfnisse der Mieter angepasst werden. Sie gruppieren sich um das begrünte Atrium – in gewisser Weise kann man das als den weichen Kern bezeichnen.

! ***Cortenstahl ist ein niedrig legierter Baustahl, der an der Fassade eingesetzt werden kann. Er ist wetterfest, weil er mit der Zeit unter der eigentlichen Rostschicht eine Deckschicht ausbildet. Er schützt sich also selbst vor Korrosion und muss nicht weiter behandelt oder gestrichen werden. Zudem ist Cortenstahl zu 100% recyclingfähig.***

WIEHRE & OBERAU & WALDSEE

WERTVOLL BLEIBEN IM WANDEL

Ein alter Slogan besagt: Freiburg hat, was alle suchen. Nämlich zahlreiche Bauten, welche das Etikett »Traumhaus« für sich beanspruchen können. Ganz besonders begehrt bei Zugezogenen und Alteingesessenen ist der Osten der Stadt. Berge umrahmen die Dachlandschaft; vor grüner Kulisse leuchten rote Schindeln. Oberflächlich betrachtet, bieten das alle drei hier genannten Stadtteile, doch die Oberau ist im Gegensatz zu Wiehre und Waldsee aus einem Industriebgebiet entstanden. Nachdem die Au – also das Gebiet Gerber- und Fischerau – durch die Vielzahl von Betrieben an die Kapazitätsgrenze gestoßen war, wurde die 1302 erstmals erwähnte »Obere Au« erschlossen. Eine dörfliche Vergangenheit hingegen hatte die alte Wiehre, deren Kern nahe des Annaplatzes lag. Mit der Industrialisierung im 19. Jahrhundert ließen sich auch hier Handwerker und Gewerbe nieder. Relikte wie Hinterhäuser mit Werkstätten sowie technische Denkmale zeugen von der Zeit, als Wiehre und Oberau noch keine bevorzugten Wohngegenden waren. Waldsee hingegen ist vor fast 100 Jahren komplett auf dem Reißbrett entstanden. Der Charme der gartenstadtähnlichen Gesamtanlage ist trotz manch unsensibler Aus- und Aufbauten ungebrochen. Neubauten in den drei Stadtteilen werden hier schon im Planungsverfahren durchdiskutiert, bis sie sich wenigstens in einigen Punkten der Umgebung anpassen. Ein Beispiel hierfür das ist das Marienhaus (s. S. 94), das in Farbwahl und Gestaltung Bezug auf die sonst vorherrschenden traditionellen Bauten nimmt. Entsprechend groß war der Aufschrei, als der Graffiti-Künstler Tom Brane ein historisches Gebäude in der Unterwiehre mit wilden Pflanzenmustern bemalte. Kurze Zeit später zog eine Familie am Annaplatz nach, welche die zuvor schlichte Fassade ihres Anwesens mit starken Kontrasten in Rot, Grün und Gelb aufpeppte. Schlumpfblaue Parkplätze an der Dreikönigstraße sorgten für weiteren Gesprächsstoff. Klar, dass der Recyclinghof als Nachfolger einer Baustoffhandlung kein langes Leben haben würde. Die »Vereinigten Hüttenwerke« mussten lukrativen Häusern weichen. Als zwei Hektar große Neubaufläche schickte sich das Quartier am Wiehrebahnhof an, das Viertel zu verändern. Die Nähe zur Bahnstrecke stand Pate beim Namen »Quartiere alla Stazione«. Kritiker der idyllischen, toskanisch anmutenden Wohnbauten mit Attikadächern wähnen sich im italienischen Themenbereich des Europa-Parks. Ein Journalist schrieb über die Arbeiten: »Mit finsterem Interesse beobachten die Spaziergänger auf der Sternwaldbrücke, wie ein weiteres Stück Wiehre versiegelt wird.« Doch die Begeisterung bei Käufern und Mietern überwog, auch wenn dieses Stück Postkartenidylle Druck ausübt auf die Nachbarschaft. Die Initiative »Wiehre für alle« möchte die einfachen, aus den 1950er Jahren stammenden Häuser an der Quäkerstraße als preiswerten Wohnraum erhalten (siehe Wohnbaugenossenschaften Seite 96). Ob es gelingen wird? Fest steht: Der Osten wandelt sich – und bleibt dabei als Wohnort hochbegehrt.

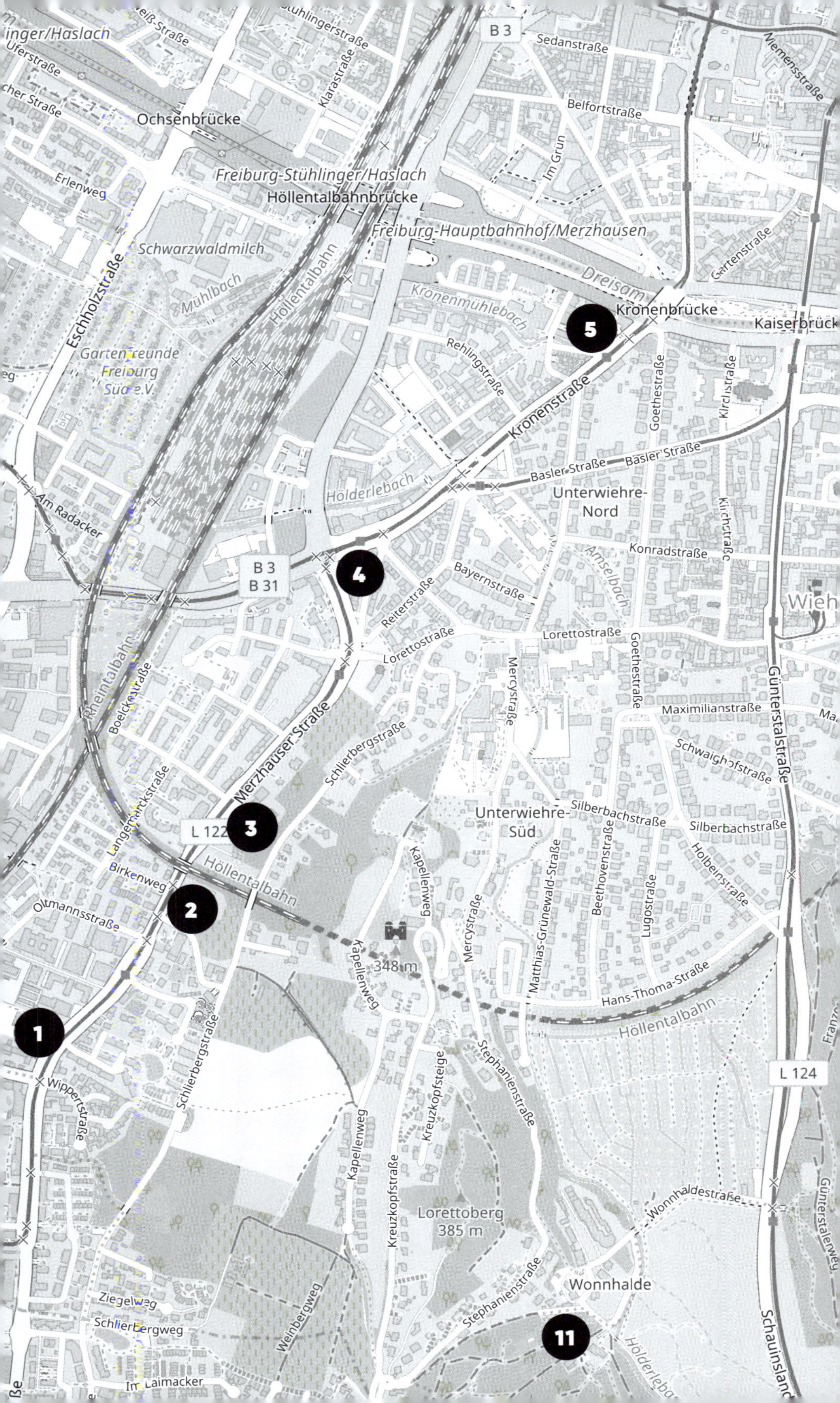

Freiburg-Stühlinger/Haslach
Höllentalbahnbrücke
Freiburg-Hauptbahnhof/Merzhausen
Ochsenbrücke
Schwarzwaldmilch
Eschholzstraße
Erlenweg
Mühlbach
Höllentalbahn
Gartenfreunde Freiburg Süd e.V.
Am Radacker
Rheintalbahn
Boelckestraße
Langemarckstraße
Birkenweg
Oltmannsstraße
Wippertstraße
Schlierbergstraße
Ziegelweg
Schlierbergweg
Im Laimacker
Weinbergweg
B 3
Sedanstraße
Belfortstraße
Im Grün
Niemensstraße
Gartenstraße
Dreisam
Kronenmühlebach
Kronenbrücke
Kaiserbrück
Rehlingstraße
Kronenstraße
Goethestraße
Kirchstraße
Basler Straße
Hölderlebach
Unterwiehre-Nord
Konradstraße
Amselbach
B 3
B 31
Bayernstraße
Reiterstraße
Lorettostraße
Mercystraße
Maximilianstraße
Schwaighofstraße
Günterstalstraße
Merzhauser Straße
Schlierbergstraße
Kapellenweg
L 122
Höllentalbahn
348 m
Unterwiehre-Süd
Silberbachstraße
Matthias-Grünewald-Straße
Beethovenstraße
Lugostraße
Holbeinstraße
Hans-Thoma-Straße
L 124
Stephanienstraße
Kreuzkopfsteige
Kreuzkopfstraße
Lorettoberg 385 m
Wonnhaldestraße
Wonnhalde
Günterstalerweg
Schauinsland
1
2
3
4
5
11

Altstadt
Schoferstraße
Konviktstraße
Schlossbergring
Burghaldering
Hirzberg
Weinlage
Freiburger
Schlossberg
Gewerbebach, Hauptkanal
Kartäuserstraße
K 9850
Insel
Leo-Wohleb-Brücke
Dreisam
Oberau
Hindenburgstraße
Brauerei
Ganter
Hildastraße
Falkensteinstraße
Fabrikstraße
Gresserstraße
Bleichestraße
Reischstraße
B 31
Talstraße
Fuchsstraße
Sternwaldstraße
Nägeleseestraße
Bürgerwehrstraße
Reichsgrafenstraße
Dreikönigstraße
Scheffelstraße
Glümerstraße
Zasiusstraße
Erwinstraße
Seminarstraße
Oberwiehre
Bußstraße
Schützenallee
Schützenallee-Tunnel
Andlawstraße
Waldseestraße
Urachstraße
Adalbert-Stifter-Straße
Quäkerstraße
Höllentalbahn
Türkenlouisstraße
Freiburg-Wiehre
Glümerhöhe
425 m
Alter Franzosenweg
Waldfahrstraße
Eselbackenweg
Kybfelsensteig
1 Evangelisches Montessori Schulhaus
2 Haus der Bauern
3 Flüchtlingswohnheim Merzhauser Straße
4 PSD Bank
5 Dieter-Wetterauer-Halle
6 Marienhaus
7 Sporthalle und Foyer der St. Ursula Schulen
8 Zentrum Oberwiehre (ZO)
9 Ensemblehaus Freiburg
10 UWC Robert Bosch College
11 WaldHaus

1 Evangelisches Montessori-Schulhaus

Merzhauser Straße 136
Straßenbahn 3 – Peter-Thumb-Straße
Spiecker Sautter Lauer Architekten, Freiburg
2014

Das Evangelische Montessori Schulhaus kann man nicht gerade als dezent bezeichnen. Das ist von den Stadtplanern gewünscht: Die Merzhauser Straße soll durch einzelne Solitäre auffallen. Ein Kubus schiebt sich in den anderen und ragt über einen Freibereich hinaus, gestützt von schräg gestellten Säulen, und leuchtet dazu in verschiedenen Rottönen. Ungewöhnlich ist hier, dass sich die Sporthalle oben befindet: Auf dem schmalen Grundstück war stapeln notwendig. Daraus ergab sich wiederum eine neue Herausforderung: die Lärmisolierung der Turnhalle, die sich genau über den Andachtsräumen und der Verwaltung befindet.

Im Innern gibt es keine zentralen Lehrerzimmer, sondern eine offene, flexible Lernlandschaft mit einem zentralen Platz wie in einem Dorf. Die roten

Fassadenfarben werden im Innenraum fortgeführt und durch weitere kräftige Töne ergänzt; jedes Stockwerk hat eine andere Grundfarbe. Auch wenn dieses Gebäude städtebaulich heraussticht, ist es doch minimal und sachlich in der Ausstattung. Spielereien und Ornamente sucht man hier vergebens.

2 Haus der Bauern

Merzhauser Straße 111
Straßenbahn 3 – Peter-Thumb-Straße
Werkgruppe Lahr, Lahr
2014

Dass sich ein Bauernverband ein Haus aus dem Naturstoff Holz baut, bietet sich an, und dass das Holz aus dem Schwarzwald stammt, ebenfalls. So besteht die Konstruktion des Bürogebäudes des Badischen Landwirtschaftlichen Hauptverbandes (BLHV) – bis auf Treppenkern und Fundamente – aus Fichte, und das Innere ist mit Weißtanne ausgekleidet. Ein Holzhaus also, wie es im Buche steht, doch nichts außer dem Baustoff ist daran traditionell: Leicht asymmetrisch ist der viergeschossige Bau und neigt sich mit seiner schmalen »Traufseite« zur Straße hin, so dass er zierlicher wirkt als er ist. Immerhin bietet er auf etwa 2.000 Quadratmetern Arbeitsplätze für etwa 100 Mitarbeiter. Große, bodentiefe Fenster lassen viel Licht ins Innere. Doch was den Betrachter am meisten wundert: Warum hat man das Holzhaus in ein Glashaus gestellt? Der Bauherr wünschte sich, dass das Holz nicht vergraut. Die Glasschuppen schützen das Gebäude vor Wind, Wetter und UV-Licht, die Oberflächenbehandlungen des Holzes entfallen über die Jahre, und auch der Wärmeverlust fällt geringer aus. Der Kontrast von warmem, weichem Holz und hartem, kalten Glas mag irritieren. Das ist ein Gegensatz, mit dem auch Landwirte leben müssen: Einerseits arbeiten sie mit der Natur, andererseits bezwingen sie diese unter Einsatz neuester Technologien.

3 Flüchtlingswohnheim Merzhauser Straße

Merzhauser Straße 39
Straßenbahn 3 – Weddigenstraße
ARGE Architekten Freiburg (Franz und Geyer Architekten, Weissenrieder Architekten, stocker.dewes architekten)
2016

Die Holzbauten an den Weinhängen des Schlierbergs entlang der Merzhauser Straße sind eines von drei Flüchtlingswohnheimen in Freiburg, die in Holz erbaut wurden. Im Herbst 2015 sollte innerhalb kürzester Zeit Wohnraum für insgesamt 1.000 Flüchtlinge geschaffen werden. Nachhaltig sollten die Unterkünfte sein, und auch würdiger als die allseits bekannten Metallcontainer. Drei Architekturbüros schufen gemeinschaftlich, was unmöglich schien – dabei konnten sie noch nicht einmal auf bewährte Modelle zugreifen. Der Kosten- und Zeitdruck verlangte ein modulares System. Dadurch konnte die Raumaufteilung flexibel gehandhabt und an den Bedarf der Wohneinheiten sowie den Bedingungen des Bauplatzes angepasst werden. Vier lokale Zimmereien fertigten über den Winter insgesamt

700 Elemente aus Fichtenholz, die an die Baustellen geliefert und innerhalb von zwei bis drei Wochen aufgebaut wurden. Bereits im April 2016 wurde die erste Unterkunft bezogen.

Bei Bedarf können die einfachen und robusten Module schnell ab- und woanders wieder aufgebaut werden. Sie sind so konzipiert, dass auch andere Nutzungen möglich sind: Das Erdgeschoss ist höher und darf so zum Beispiel auch Raum für eine Kita bieten. Tatsächlich wurde das Wohnheim in Zähringen zwischenzeitlich von Studierenden genutzt. Das ansprechendere Aussehen und die Wertigkeit des Baustoffs führen dazu, dass die Bauten von den Bewohnern ebenso wie in der Bevölkerung besser akzeptiert werden. Die anderen Wohnheime stehen in den Stadtteilen Zähringen und Tiengen.

Modulares Bauen erlebt derzeit eine Renaissance – schuld daran ist die aktuelle Situation, dass in kurzer Zeit viel Wohnraum geschaffen werden muss. Die Vorteile liegen auf der Hand: Die Elemente können seriell vorgefertigt werden. So verkürzt sich die Baustellenzeit. Zudem können Module fast beliebig erweitert und ergänzt werden, was die Architektur flexibler macht. Allerdings haben Modulbauten ein Imageproblem: Man denkt sofort an den Plattenbau der 1970er Jahre. Dass selbst mit geringen Mitteln gestalterisch hochwertige Lösungen möglich sind, zeigt dieses Beispiel.

90

psd
Bank
BankCard
ServiceNetz
Die Bau-
Finanzie rungs-
Bank aus Ihrer
Region.

4 PSD Bank

Basler Straße 64–66
Straßenbahn 3, 5 / Bus 11 – Heinrich-von-Stephan-Straße
Bloss und Keinath Architekten, Winterbach/Wannweil
2006

Die PSD Bank wollte als Direkt- und Filialbank in Freiburg mehr Präsenz zeigen und erwarb dafür ein kleines, abgerundetes Eckgrundstück an der verkehrsreichen Basler Straße. Und das Bankgebäude fällt tatsächlich auf, obwohl es viel kleiner ist als das mächtige Victoria-Haus gegenüber. Das liegt an der rundlichen Form – eigentlich eher ein abgerundetes Dreieck als ein Kreis im Grundriss – und an der grünlich glänzenden Glasfassade. Die Holzrahmen im Innern schimmern durch und lassen den kühlen Glanz des Glases wärmer wirken. Doch nicht nur aus optischen Gründen hat es diese Doppel-Fassade in sich, denn die Luft im Zwischenraum sorgt für ein ausgewogenes Klima im Innern und insgesamt für eine gute Energiebilanz. Das Prinzip ist das einer leichten und doch wärmenden Daunendecke: Die Luft ist im Winter ein Wärmepuffer. Im Sommer können die äußeren Glasschuppen so verstellt werden, dass der Innenraum, auch mithilfe des Windes, gelüftet werden kann. Die Luftströme werden dabei so umgelenkt, dass anstelle der Abgase von der Straße die frische Luft von der rückwärtigen Seite ins Haus dringt. Ein ausgeklügeltes Luftschloss.

5 Dieter-Wetterauer-Halle

Mattenstraße 1
Straßenbahn 5 – Mattenstraße
Böwer Eith Murken Architekten, Freiburg
2009

Architektur kann durchaus zur Lösung eines Konflikts beitragen – und solchen nicht nur verursachen. Ein schönes Beispiel dafür ist die Sporthalle des Montessori Zentrums ANGELL. Zuerst sollte die Halle in der Faulerstraße auf der anderen Seite der Dreisam gebaut werden, doch Anwohnerproteste verhinderten das. Die Lösung des Konflikts kam von der Architektenschaft: Die anstehende Sanierung des benachbarten Rotteck-Gymnasiums durch das gleiche Architekturbüro wurde mit dem Bau der Sporthalle verknüpft. Jetzt teilen sich die städtische und die private Schule das Grundstück: Während die Schüler vom ANGELL in der Halle hinter der gediegenen, grau-silbernen Natursteinfassade trainieren, haben die Schüler des Rotteck-Gymnasiums auf dem Dach einen Pausenhof und Sportplatz.

Die Dreifeldhalle gliedert sich in einen langgestreckten eingeschossigen Hallenteil mit dem besagten Sportplatzdach und ein zweigeschossiges Eingangsgebäude mit einem großzügigen, hellen Foyer, Umkleiden und einem Gymnastikraum. Von diesem hat man über die komplett verglaste Wand einen schönen Blick auf einen alten Ahornbaum, der trotz knapp bemessenem Platz stehen bleiben durfte. Innen dominieren Sichtbeton und helles Ahornholz.

Vom ANGELL kommend über die Dieter-Wetterauer-Halle kann man zur Bahnhofsachse auf Höhe des redOne hinübergehen. Auf dem Weg kommt man an den letzten Freiau-Häusern aus dem 19. Jahrhundert vorbei, die mit einer bunten Mischung aus Holzpaneelen und -schindeln, Schiefer, aber auch Faserzementplatten verkleidet sind. Etliche dieser Reihenhäuser fielen der Verkehrsplanung zum Opfer, was in den frühen 1970er Jahren zum ersten erbitterten Häuserkampf in Freiburg geführt hat.

6 Marienhaus

Talstraße 31
Straßenbahn 2, 3 – Johanneskirche
Huller Architekten, Körber + Barton + Fahle, Rosenstiel Architekten, alle Freiburg
2008

Pflegeheim – in diesem Wort stecken zwei für ältere Menschen bedeutsame Faktoren. Da ist zum einen die Unterstützung bei alltäglichen Verrichtungen, aber auch der Wunsch, dass die letzte Bleibe im Leben heimelig sein möge. Auf den ersten Blick scheinen diese Ansprüche gänzlich verschieden zu sein, doch das Marienhaus vereint beides geschickt. Der 2008 eingeweihte Neubau zeigt traditionelle Elemente, ohne durch Form und Fassadengestaltung die Funktionalität zu verleugnen. Das in Orange- und Brauntönen gehaltene Heim ersetzt zwei schlichte, aber durchaus stadtteilprägende Altbauten, welche durch hinderliche, unterschiedliche Geschosshöhen verbunden waren. Diese gaben letztlich den Ausschlag für einen Abbruch. Die in der Wiehre bei historischen Häusern üblichen Lamellenläden reihen sich hier

an bodentiefe Fenster – ein Anblick, der für Hochbetagte eher ungewohnt ist. Die tief gezogenen Glasflächen ermöglichen jedoch bettlägerigen Menschen einen Blick auf das Leben im Quartier. Im schön gestalteten Innenhof mit Sinnesgarten sorgt das Uhrentürmchen des Vorgängerbaus für eine Prise Nostalgie. Ein Haus, das nicht nur Menschen aufnimmt, sondern auch ein Stück Heimat sein will.

! ***188 Einzelzimmer, drei Doppelzimmer sowie ein Fitnessraum mit direktem Ausgang zum Sinnesgarten. Dieser wurde mit wechselnden Untergründen angelegt, um die Motorik der älteren Menschen zu erhalten oder zu verbessern (Planung: Christine Bosch).***

WOHNBAUGENOSSENSCHAFTEN IN FREIBURG

In ganz Deutschland gibt es etwa 2.000 Wohnbaugenossenschaften. In Freiburg hat dieses Geschäftsmodell Tradition: Hier in Südbaden ist die größte Wohnbaugenossenschaft, der Bauverein Breisgau, beheimatet. 1899 gegründet, erfreut er sich noch immer reger Nachfrage bei Aufnahmeanträgen. Denn um günstigen und – vor Eigenbedarf sicheren – Wohnraum zu beziehen, muss man erst Mitglied werden. Jüngere Genossenschaften wie die 30 Jahre alte Oekogeno, welche aus der Ökobank hervorgegangen ist, investieren gern in Wohnbauten nach ökologischen Standards, aber auch in Solar- und Windkraftanlagen. In der Kritik steht derzeit die 1930 gegründete Baugenossenschaft Familienheim. Sie plant, den Wohnblock an der Quäkerstraße beim Wiehrebahnhof abzu-

reißen und durch einen Neubau zu ersetzen. In der Gründungssatzung war aber festgeschrieben, dass die Familienheim »Minderbemittelten gesunde und zweckmäßig eingerichtete Kleinwohnungen in eigens erbauten oder angekauften Häusern zu billigen Preisen« bieten soll. Die Bürgerinitiative »Wiehre für alle« kämpft, wie ihr Name schon sagt, für den Erhalt günstigen Wohnraums sowie eine soziale Durchmischung des Viertels – auch auf dem lukrativen Boden der Wiehre.

Auf dieser Seite abgebildet ist ein Objekt der Familienbau mit 13 Wohnungen und einer Kindertagesstätte in der Falkensteinstraße, das 2018 fertiggestellt wurde.

7 Sporthalle und Foyer der St. Ursula Schulen

Talstraße 50
Straßenbahn 1 – Brauerei Ganter
fuchs.maucher.architekten, Waldkirch
2006

Die gegen den stark befahrenen Straßenraum abweisend wirkende Fassade der Sporthalle nimmt mit ihren asymmetrischen und bald reliefartig herausragenden, bald zurückweichenden Flächen die Kleinteiligkeit der umliegenden Gründerzeithäuser auf. Unterschiedliche Techniken der Oberflächenbearbeitung sorgen für zusätzliche Spannung. Die strukturierten Felder aus gefärbtem Beton werden immer wieder unterbrochen durch schlitzartige Fensteröffnungen. Wie gealterter Sandstein zeigt die Wand ihre Schichten und zeugt dadurch von der Lebendigkeit, die einer Sporthalle zusteht. Solch eine sich schälende Außenhaut weckt Neugier auf das Dahinter. Im Hofbereich herrscht dann Wiehre-Idylle pur: Zum Innenhof mit seinem alten Baumbestand hin lassen großzügige Fensterflächen den Blick ins Grüne zu und geben die Sicht auf die historische Villa Risler frei. Die Treppen, welche ins verglaste Foyer führen, laden wie auf dem Augustinerplatz in der Altstadt zum Sitzen und Kommunizieren ein. Der L-förmige Bau mit seiner Sport- und Festhalle sowie dem westlich angefügten Foyer lebt daher von den Gegensätzen seiner beiden Fassaden und vereint dabei die Nutzung als Gemeinschaftsraum und Ort der Begegnung.

[zett'ooh]
[zett'ooh]
ZO

8 Zentrum Oberwiehre (ZO)

Schwarzwaldstraße 78
Straßenbahn 1 – Alter Messplatz
Planungsgemeinschaft »Alter Messplatz«, Horbach Architekten und Melder und Binkert Architekten, Freiburg
2004

Im Jahr 2004 erhielt die Oberwiehre etwas, das sie zuvor nie wirklich hatte: Ein Zentrum. Die Oberwiehre hatte Jugendstil, sie hatte Tradition, aber keine Mitte. Gruppiert sich die Unterwiehre hübsch um das malerische Annakirchle herum, stand im östlichsten Teil des Stadtteils nach Verlegung der Messe eine große Fläche zur Verfügung. Die Entscheidung für eine Mischung aus Wohnen und Gewerbe war die richtige, wie sich an der regen Nutzung erkennen lässt. Wo sich früher das Riesenrad drehte und der Bonbon-Onkel Kindersehnsüchte erfüllte, ist nun mit dem ZO ein ganzjähriger Anziehungspunkt entstanden. Statt des befürchteten Klotzes steht da zwar ein rechteckiges Gebäude; es zeigt jedoch mit vorgehängten Keramikplatten eine interessante Fassade. Wie der Buntsandstein am Münster, der helle und dunkle Steine verschiedener Steinbrüche und Bauepochen vereint, nimmt hier die ruhige und doch lebendige Gliederung dem Baukörper die Wucht. Durch Querstäbe gegliederte Fensteröffnungen sind ein weiteres Gestaltungselement und lockern die Fassade zusätzlich auf. Auch die zurückliegende, vom Straßenlärm abgeschirmte Wohnbebauung in ähnlich warmen Farben ist mit ihrer Qualität einen Blick wert.

❗ ***Die sichtbaren Elemente der Fassade sind aus Terrakotta hergestellt. Ein hinterlüftetes System mit Druckausgleich verhindert, dass Wasser an die Gebäudehülle gelangt. Ein natürlicher Kamineffekt sorgt dafür, dass das Gebäude trocken bleibt und dabei gleichzeitig Energie gespart wird.***

➔ ***Die denkmalgeschützten Reihen der Knopfhäusle schauen nun auf die veränderte Umgebung. Sie sind ab den 1860er Jahren entstanden und somit Freiburgs älteste Arbeitersiedlung. Bei Regen lassen sich in den Gärten schimmernde Knöpfe finden, die noch auf die Heimarbeit für die einstige Knopffabrik in der Wiehre zurückgehen.***

9 Ensemblehaus Freiburg

Schützenallee 72
Straßenbahn 1 – Musikhochschule
Böwer Eith Murken Architekten, Freiburg
Akustische Beratung: Kahle Acoustics, Brüssel
2012

Das Ensemblehaus ist kein Konzerthaus, sondern eine Musikwerkstatt: Es dient zwei international angesehenen Orchestern, dem ensemble recherche und dem Freiburger Barockorchester sowie der Ensemble-Akademie als gemeinsames Probehaus.

Neben der hellen, großen Stadthalle mit ihrer Glasfassade wirkt das zweigeschossige Ensemblehaus wie ein kompaktes Schmuckkästchen. Die teilweise runde Form und die anthrazitfarbene Holzfassade aus beschichteten und gebürsteten Dreischichtplatten (in drei Schichten geleimtes Holz) lässt an ein Musikinstrument denken. Unterstrichen wird der Eindruck durch den Rhythmus der unregelmäßigen vertikalen Leisten, die besonders bei Sonnenlicht zur Geltung kommen. Da das Ensemblehaus auch als Ort der Vermittlung und des Austauschs mit professionellen Künstlern, Laien, Kindern und allen Interessierten gedacht ist, ist es im Inneren offen und bietet viele Kommunikationsflächen. Gleich beim Betreten des Foyers wandert der Blick durch die verglaste Gegenseite nach draußen, gerahmt von Wänden aus Sichtbeton. Dieser halböffentliche Bereich dient als Treffpunkt und bietet im Obergeschoss, wo sich auch die Verwaltung, Besprechungsräume und eine Bibliothek befinden, Ausweichplätze und Rückzugsbereiche.

Natürlich muss dieser Klangkörper aus Beton und Holz allen Anforderungen der Akustik gerecht werden, und die sind bei so unterschiedlichen, oft gleichzeitig probenden Orchestern sehr anspruchsvoll. So hat jeder Raum für das jeweilige Instrument eine andere Akustik. Diese kann mit variablen Akustikreflektoren aus Holz und Vorhängen individuell verändert werden. Zwischen den Orchesterräumen planten die Architekten Räume mit anderen Funktionen, wie zum Beispiel das Instrumentenlager und die Technik. Sogenannte Schallfugen verhindern, dass der Schall in den nächsten Raum weiterschwingt.

Lange haben die beiden Orchester nach einem eigenen Domizil gesucht und fanden es schließlich auf dem ehemaligen Messegelände neben der Alten Stadthalle. Dieser drohte schon der Abriss, doch heute ist sie als Beispiel für Mehrzweckhallen aus den frühen 1950er Jahren denkmalgeschützt. Eine dauerhafte Nutzung hat sich allerdings noch nicht gefunden. Sie war zeitweise Universitätsbibliothek, Flüchtlingswohnheim und Obdachlosenunterkunft. Derzeit erwägt die nahegelegene Musikhochschule, sich dort einzuquartieren.

10 UWC Robert Bosch College

Kartäuserstraße 119
Straßenbahn 1 – Emil-Gött-Straße
Peter Kulka Architektur, Köln / Dresden (Wohndorf), hotz + architekten, Freiburg (Schule), becker + haindl, Stuttgart (Freianlagen)
2014

Manche würden sagen, die Würfel am Waldrand tanzen den Hang hinauf, andere vielleicht, sie purzeln herunter. Wie auch immer man diese idyllisch gelegenen Wohnhäuser im Dreisamtal sieht: Ein gewachsenes Bergdorf könnte so oder ähnlich angeordnet sein. Dieses Ensemble gehört zu der Barockanlage nebenan und ist Teil des internationalen Internats United World College (UWC) der Robert Bosch Stiftung. Etwa 200 Schüler im Alter von 16 bis 19 Jahren bewohnen die größeren, dreigeschossigen Häuser in Viererwohngruppen. Die über Eck eingeschnittenen Loggien sind von Gemeinschaftsräumen aus zugänglich. In den kleineren Häusern wohnen die Lehrer, teilweise mit ihren Familien. Ursprünglich wollte der Architekt Peter Kulka je ein Holz-, Ziegel-, Lehm-, Stein-, Putz- und Betonhaus errichten, um den aus aller Welt kommenden Schülern zu zeigen, wie unterschiedlich man bauen kann. Aus Budgetgründen wurde es dann doch eine konventionelle Bauweise mit verputzten Fassaden, aber das Farbkonzept mit verschiedenen erdigen Tönen ist ein Rest dieser Idee. Das historische Kartäuserkloster dient jetzt als Schulgebäude. Von der Straße aus nicht einsehbar sind die in den Hang hineingebaute Mensa und Auditorium dahinter. Diese stammen vom Freiburger Büro hotz + architekten, das auch den Hauptbau sanierte und umbaute. Die Freianlagen plante das Stuttgarter Büro becker + haindl.

Das Kartäuserkloster besteht schon seit dem 14. Jahrhundert. Nachdem es im Dreißigjährigen Krieg verwüstet worden war, wurde es als barocke Dreiflügelanlage wieder aufgebaut – um kurz darauf säkularisiert zu werden. Die Freiburger Stiftungsverwaltung erwarb es 1894 und betrieb darin bis 2008 ein Altenheim. Mittlerweile war der Bau stark sanierungsbedürftig. Daraufhin erwarb die Robert Bosch Stiftung das Gelände und gründete dort das erste UWC in Deutschland. Diese Schulen bringen junge Menschen aus aller Welt und aus allen sozialen Schichten zusammen. Die Stipendiaten sollen zwei Jahre lang in einem von Toleranz und interkultureller Verständigung geprägten Umfeld leben und lernen, sich für Frieden und eine nachhaltige Zukunft zu engagieren. Als Abschluss legen sie das »International Baccalaureate« ab. Der Initiator Kurt Hahn, ein Freund Robert Boschs, war von den Nazis verfolgt und entwickelte dieses Konzept, um nationalistische Ressentiments durch direkte Begegnungen zu verhindern. Inzwischen gibt es weltweit siebzehn solche Schulen. Dass die Kartäuser – vor allem im 16. Jahrhundert – mit der Freiburger Universität zusammenarbeiteten und bedürftige Studenten unterstützten, schließt den Kreis.

11 WaldHaus

Wonnhaldestraße 6
Straßenbahn 2 – Wonnhalde
Michael Sonek sdks Architekten, Darmstadt
2008

Freiburg ist nicht nur politisch eine grüne Stadt, sondern auch im Wortsinn. Kaum eine deutsche Stadt dieser Größe hat mit 43% seiner Fläche so viel städtischen Wald, und damit auch zahlreiche Ausflugsziele und Naherholungsgebiete. Eines davon ist die Wonnhalde mit ihren kleinen Bachläufen und Seen und den Günterstäler Wiesen, über die man auf den Hausberg Schauinsland blickt. Dort befindet sich das WaldHaus, eine Bildungseinrichtung, die mit Ausstellungen und Veranstaltungen aller Art für den Wald sensibilisieren will. Auch architektonisch will der flache, kantige Holzriegel am Hang zwischen Stadt und Wald vermitteln. Zu den Wiesen und damit auch zur Stadt hin öffnet sich das Erdgeschoss mit Terrasse und durchgehender Glasfront im Eingangsbereich, während das Obergeschoss mit einer Leistenschalung aus Weiß-

tanne komplett geschlossen ist – sich aber nach hinten zum Wald hin öffnet. Dass nicht nur die Fassadenverkleidung, sondern auch Fenster, Treppe, Decken, Parkett, Holzterrasse und sogar die nicht sichtbaren Teile wie die Wärmedämmung und das Fachwerk aus heimischem Holz sind, muss wohl nicht extra erwähnt werden.

Die Wonnhalde und der angrenzende Stadtwald waren schon im 19. Jahrhundert ein beliebtes Ausflugsziel. In dieser Zeit wurden auch ausgedehnte Spazierwege, Brunnen wie der nahe gelegene Rehbrunnen und ein Arboretum angelegt. Heute sind hier 1.300 Baum- und Straucharten aus fünf Kontinenten zu bewundern.

NEUBURG & HERDERN

WO SICH DORF UND STADT BEGEGNEN

Zwischen dem alten Winzerdorf Herdern und der aufstrebenden Stadt Freiburg lag im Mittelalter nur weitgehend freies Feld. Im Laufe der Jahrhunderte sind sich beide Orte durch Ausdehnung langsam nähergekommen. Die Neuburg, selten als eigenständiger Stadtteil wahrgenommen, ist das Bindeglied zwischen Herdern und der Altstadt. Gerade hier ist durch Kriegszerstörungen und raumgreifende Veränderungen moderne Architektur entstanden, welche weder die Kleinteiligkeit der Altstadt noch das dörflich-idyllische Bild Herderns tangiert. Die Habsburgerstraße ist stets eine Hauptachse gewesen, an der großstädtische Bauten der jeweiligen Zeit dominieren – auch, wenn hierfür manches Kleinod geopfert wurde. Östlich der pulsierenden Verkehrsader erhielten sich aber noch Fachwerkhäuschen, die das 1457 eingemeindete Herdern einst prägten. Den engen Ring der Altstadt sprengen, das war der Anlass für das Anlegen der Vorstädte. Bis auf die südliche Innenstadt (Gebiet Fischerau und Gerberau) sind alle durch den französischen Festungsbau im 17. Jahrhundert niedergelegt worden. Dies ist der Grund, warum sich die Neuburg zwar auf historischem Boden befindet, jahrhundertealte Zeugnisse jedoch nicht mehr vorhanden oder nur archäologisch nachweisbar sind. In dem auch Nordstadt genannten Viertel entstand erst Anfang des 19. Jahrhunderts eine zusammenhängende Bebauung, die einerseits aus mittelständischen Mehrfamilienhäusern wie im Stühlinger bestand, andererseits aber aus Klinik- und Institutsbauten. Die Zerstörungen durch die Bombenangriffe im Zweiten Weltkrieg zwangen dazu, die Nordstadt fast komplett neu zu errichten. Im südlichen Teil nutzte man die Chance, einen Universitätscampus mit viel Grün und Kunst zu schaffen. Die der damaligen Wohnungsnot geschuldete Zweckarchitektur verteilte sich auf die restlichen Flächen. Während die Neuburg im Bewusstsein der Bevölkerung eher ein Schattendasein führt, ist die Karriere Herderns vom Winzerdorf zum gehobenen Wohngebiet durch Jugendstilhäuser und Villen in Hanglage bis heute beachtlich. Wandert man von den Herdermer Hängen Richtung Zähringen durch den Wald, erhebt sich mitten im Grünen ein kantiger, eigenwilliger Bau: Die 1999 errichtete Ausstellungshalle der Stiftung für konkrete Kunst. Der Neurologe und Künstler Roland Phleps hat das funktionale Gebäude des Architekten Detlef Sacker in eine Idylle aus alten Bäumen und malerischer Mühle platzieren lassen. Mit neuer Architektur ist also im Norden Freiburgs fast überall zu rechnen – manchmal sogar mitten im Wald.

GES
UND
NAH

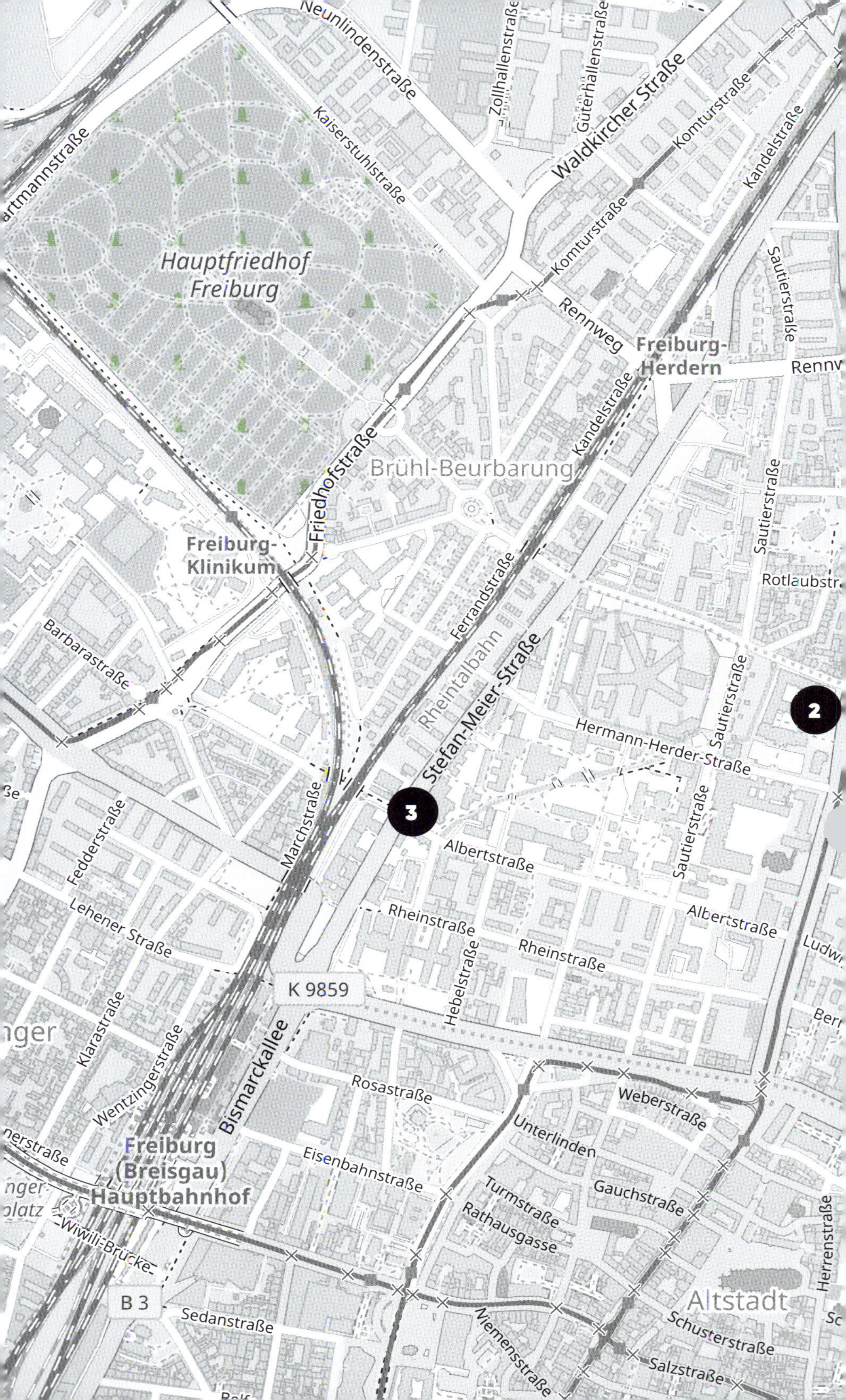

Neunlindenstraße
Zollhallenstraße
Güterhallenstraße
Waldkircher Straße
Kaiserstuhlstraße
Komturstraße
Kandelstraße
Hauptfriedhof Freiburg
Komturstraße
Sautierstraße
Rennweg
Freiburg-Herdern
Friedhofstraße
Kandelstraße
Brühl-Beurbarung
Sautierstraße
Freiburg-Klinikum
Ferrandstraße
Barbarastraße
Rheintalbahn
Stefan-Meier-Straße
Sautierstraße
2
Hermann-Herder-Straße
Marchstraße
3
Sautierstraße
Albertstraße
Fedderstraße
Lehener Straße
Rheinstraße
Albertstraße
Hebelstraße
Rheinstraße
K 9859
Klarastraße
Bismarckallee
Wentzingerstraße
Rosastraße
Weberstraße
Unterlinden
Freiburg (Breisgau) Hauptbahnhof
Eisenbahnstraße
Gauchstraße
Turmstraße
Rathausgasse
Wiwili-Brücke
Herrenstraße
B 3
Altstadt
Sedanstraße
Niemensstraße
Schusterstraße
Salzstraße

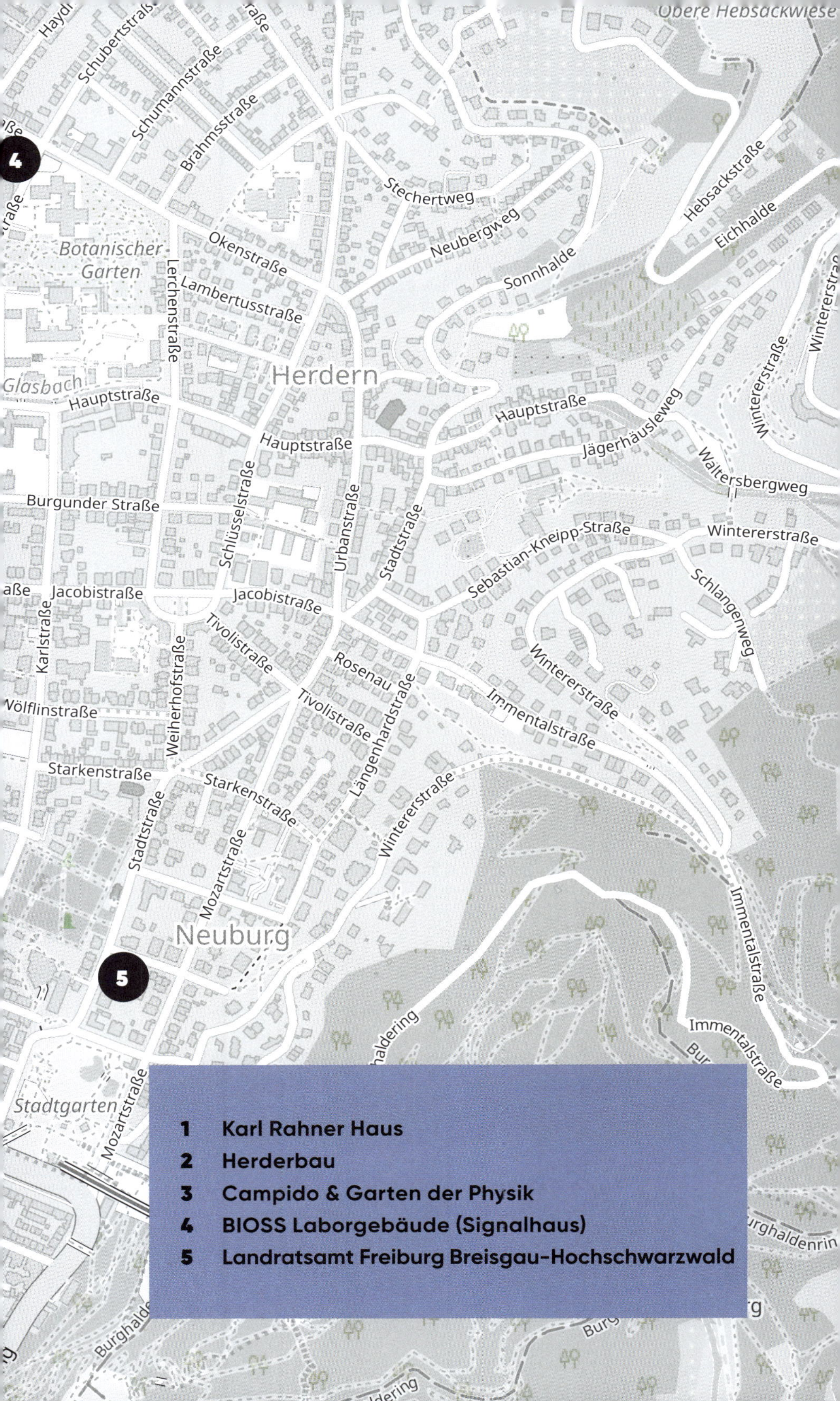
Herdern
Neuburg
Botanischer Garten
Stadtgarten
Glasbach
Obere Hebsackwiese
Schubertstraße
Schumannstraße
Brahmsstraße
Stechertweg
Neubergweg
Sonnhalde
Hebsackstraße
Eichhalde
Okenstraße
Lambertusstraße
Lerchenstraße
Hauptstraße
Jägerhäusleweg
Waltersbergweg
Wintererstraße
Burgunder Straße
Schlüsselstraße
Urbanstraße
Stadtstraße
Sebastian-Kneipp-Straße
Schlangenweg
Jacobistraße
Karlstraße
Tivolistraße
Rosenau
Längenhardstraße
Immentalstraße
Weiherhofstraße
Wölflinstraße
Starkenstraße
Mozartstraße
4
5
1 Karl Rahner Haus
2 Herderbau
3 Campido & Garten der Physik
4 BIOSS Laborgebäude (Signalhaus)
5 Landratsamt Freiburg Breisgau-Hochschwarzwald

1 Karl Rahner Haus

Habsburgerstraße 107
Straßenbahn 4 – Tennnenbacher Straße
Erzbischöfliches Bauamt Freiburg / Anton Bauhofer, Christof Hendrich
2005

Im Karl Rahner Haus wurden drei verschiedene theologische Institute unter einem gemeinsamen Dach vereint. Sie alle widmen sich hauptsächlich der Weiterbildung von Laientheologen in der Erzdiözese Freiburg. Das Gebäude an der Ecke Habsburgerstraße / Johanniterstraße steht in unmittelbarer Nachbarschaft von so unterschiedlichen Gebäuden wie dem Verlag Herder, einigen Jugendstilvillen und kleineren Wohn- und Geschäftshäusern. Es war also eine Herausforderung, den passenden Maßstab zu finden. Kommt man von der Innenstadt, fallen sogleich die vorspringenden, oberen Geschosse ins Auge, so als wären verschieden große Quader ineinander gestellt worden. In den viergeschossigen Längsbau entlang der Johanniterstraße, schiebt sich der »Kopfbau«, der an der Habsburgerstraße mit bis zu drei Metern auskragt. Aus der Nähe betrachtet erkennt man die groben, unregelmäßigen Torfbrandklinker der Fassade: Kein Klinkerstein ist wie der andere. Die Farbtöne changieren von Ocker über Dunkelrot bis Anthrazit und verleihen der Oberfläche von weitem sogar einen dunkelviolett bis bläulich schimmernden Charakter. Die Fenster sind zwar unterschiedlich groß – besonders markant ist das einseitig versetzte Panoramafenster im Obergeschoss zur Habsburgerstraße – aber streng organisiert. Durch die feinen, dunklen Aluminiumrahmen wirken sie präzise in die raue Ziegeloberfläche hineingeschnitten. Im Innern wird man von einem lichtdurchfluteten Foyer empfangen, das sich über mehrere Geschosse erstreckt. Hier finden auch Ausstellungen statt. Bemerkenswert ist auch die schlichte Kapelle; hier wie im gesamten Innern dominieren die Materialien Sichtbeton und Eichenholz. Das bunte Glasfenster stammt von der Berliner Künstlerin Hella de Santarossa.

Wenn man genau hinsieht, findet man an verschiedenen Stellen der Fassade dünne, fast unsichtbare Fugen zwischen den Backsteinen: Sie dienen der Hinterlüftung der Ziegelwände. Denn diese selbst sind nicht tragend, dahinter findet sich eine Beton-Stahl-Konstruktion. Die Klinkerfassade wird von Edelstahlankern gehalten.

2 Herderbau – Fakultät für Umwelt und Natürliche Ressourcen

Tennenbacher Straße 4
Straßenbahn 4 – Tennnenbacher Straße
Böwer Eith Murken Architekten, Freiburg
2011

Der rote, neobarocke Stammsitz des Herder Verlags wurde von 1910 bis 1912 erbaut – damals ein hochmodernes Industriegebäude hinter einer imposanten Schaufassade und mit zwei Innenhöfen im rückwärtigen nördlichen Teil, in dem sich die Druckerei befand. In den frühen 1990er Jahren wurde die Druckerei ausgelagert und ein großer Teil des Gebäudes an das Land Baden-Württemberg verkauft. Inzwischen wurde der Herderbau von der Universität zu einem Wissenschaftsbetrieb umgebaut: Hier befindet sich jetzt die Fakultät für Umwelt und Natürliche Ressourcen. Die Lehrsammlung des Archäologischen Instituts hat das ehemalige geräumige Papierlager im Keller bezogen.

Da der Verlag die südlichen Räume hinter der repräsentativen Fassade an der Hermann-Herder-Straße weiterhin nutzt, fehlte der Universität ein

angemessener Eingangsbereich an der Tennenbacher Straße im Norden. Diese Funktion übernimmt jetzt ein transparentes Kuppeldach über dem nördlichen Innenhof. Besonders passend für diese Fakultät: Vier Stahlstützen verzweigen sich wie Bäume. Deren Äste halten einen Trägerrost, der wiederum die transparenten und wärmedämmenden Luftkissen aus ETFE-Folien fixiert. Diese schützen vor dem Wetter und verbessern zugleich die Energiebilanz: Im Winter entsteht im Innenhof eine Pufferzone von etwa 10°C, so dass in den angrenzenden Innenräumen Energieeinsparungen von ca. 70% erzielt werden. Im Sommer sind Räume und Hof kühler als die Außenluft.

ETFE-Folien (Ethylen-Tetrafluorethylen, ein Derivat von Teflon) sind sehr leicht und lichtdurchlässig. Wie bei einer Teflonpfanne bleiben Verschmutzungen daran nicht haften, sondern werden vom Regen weggespült. Wenn sie gleichmäßig gespannt sind, sind sie auch sehr tragfähig und fest. Deshalb werden sie vorwiegend für sogenannte Membrankonstruktionen und großflächige Überspannungen eingesetzt, etwa für Gewächshäuser oder Sportanlagen. Ein besonders bekanntes Beispiel ist die Allianz Arena in München: Dort sind es aufgeblähte Luftkissen aus ETFE, die in verschiedenen Farben angestrahlt werden können.

3 Campido & Garten der Physik

Im Hof des Zentrallagers der Universität Freiburg
Stefan-Meier-Straße 23b
Bus 23 – Albertstraße
Olaf Nicolai, Berlin
2007

Hinterhöfe haben ein schlechtes Image. Vernachlässigt, verkramt, leicht übersehen, oft unterschätzt. Beim Institut für Medizinische Biometrie hingegen wartet ein begehbares Kunstwerk auf neugierige Betrachter. Es füllt den Platz zwischen dem reich dekorierten Altbau des Instituts und dem nüchternen Bau des Sammellagers der Universität. Der Campido, ein Teppich für einen geologischen Garten, ist ein 2007 entstandenes Werk des Künstlers Olaf Nicolai. Quadrate aus rotem und gelblichem Terrazzo laden zu einer Entdeckungsreise in die Welt der Steine ein. Die gerasterte Grundfläche wird unterbrochen durch Kreisausschnitte. Aus dem bunten Teppich erheben sich Erlen und Monolithe. Die Natur erobert sich ihren Raum Jahreszeit für Jahreszeit ein wenig mehr und folgt doch dem Raster. Das wie spielerisch

Der von den Landschaftsarchitekten Almut Henne und Christian Korn im Jahr 2010 angelegte Garten der Physik liegt im Hof des Physikalischen Instituts (Hermann-Herder-Straße 3) und lässt sich vom Campido in ein paar Minuten erreichen. Zwischen dem Zentrum für Neurowissenschaften und der Mensa II führt ein Parkweg am Gewerbekanal entlang nach Osten. Der Garten der Physik vereint zwei gegensätzliche Hälften. Das untere Feld weist verschlungene Pfade auf – so, wie den Menschen eine meist chaotische Welt umgibt. Die Physik versucht, diese Welt anhand von Modellen und Strukturen zu ordnen, was sich in der streng gerasterten anderen Hälfte des Gartens widerspiegelt. Ein Abbild der Wirklichkeit, in der beide Formen ihre Berechtigung haben. Der Apfelbaum verweist auf jene Frucht, die Newton zur Entdeckung der Gravitation inspirierte; die Farbauswahl der Pflanzen fußt auf dem Lichtspektrum.

angeordnete Muster hat jedoch strengen Anforderungen genügen müssen. Denn unter dem Boden erstrecken sich Räume des Sammellagers, so dass die Belastbarkeit genau geprüft werden musste. Waren Kunstwerke in früheren Zeiten Denkmäler, die man in gebührendem Abstand betrachtete, so ist der Campido ein Werk, das zum Benutzen einlädt: Zum Sitzen und Skaten, zum Begehen und Bewundern.

4 BIOSS Laborgebäude (Signalhaus)

Schänzlestraße 18
Straßenbahn 4 – Okenstraße
Arge Harter + Kanzler Architekten mit Broghammer, Jana, Wohlleber Architekten, Waldkirch
2012

Im BIOSS Laborgebäude wird medizinisch-biologische Grundlagenforschung in den Bereichen Signalforschung und Synthetische Biologie betrieben. Dabei geht es um das Verstehen sogenannter Signalprozesse. Diese steuern bestimmte Abläufe in allen Zellen, die auch bei Erkrankungen eine Rolle spielen.

Das Signalhaus liegt gegenüber dem Botanischen Garten und den recht hohen Gebäuden der Fakultät für Biologie. Dorthin wendet und öffnet sich auch der kompakte Quader mit der hellgrau changierenden Backsteinfassade: Eine unter das Dachgeschoss leicht eingezogene, dreigeschossige Glasfassade zeigt hier repräsentativ und zugleich einladend. Die Ausrichtung zu den Biologiegebäuden wird durch den schrägen Einzug auf der linken Seite betont. In der Höhe vermittelt der Bau wiederum zu der niedrigeren

Bebauung in der Okenstraße. Labore, Büros und Seminarräume gruppieren sich um einen Innenhof. Dieser lässt sich mit Schattensegeln überspannen und zu einem Veranstaltungsraum umfunktionieren. Auf dem umlaufenden Verbindungsflur befinden sich Sitzecken und Mediawände, die den Austausch unter den Wissenschaftlern fördern sollen. Das Gebäude wurde auch aus energetischer Sicht sehr gelobt.

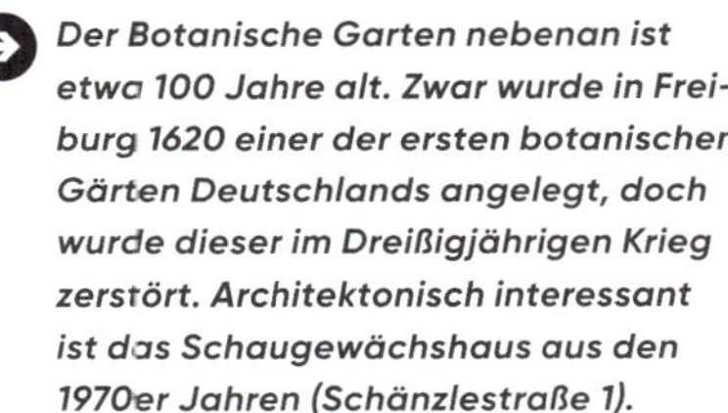

Der Botanische Garten nebenan ist etwa 100 Jahre alt. Zwar wurde in Freiburg 1620 einer der ersten botanischen Gärten Deutschlands angelegt, doch wurde dieser im Dreißigjährigen Krieg zerstört. Architektonisch interessant ist das Schaugewächshaus aus den 1970er Jahren (Schänzlestraße 1).

5 Landratsamt Breisgau-Hochschwarzwald, Erweiterungsbau

Stadtstraße 3
Bus 27 – Hochmeisterstraße
Lehmann Architekten, Offenburg
2004

Vom Stadtgarten auf dem Weg nach Herdern fühlt man sich kurz in die 1950er und 1960er Jahre versetzt. Schuld daran sind die Rasterfassaden: Diese waren ein beliebtes architektonisches und konstruktives Motiv der Nachkriegsmoderne Neubau des Landratsamts übernimmt Fassadenelemente des 50er-Jahre-Altbaus ihm gegenüber, zum Beispiel indem er die dreiachsige, südliche Stirnfassade auf den neuen Eingang überträgt: Auch dort flankieren massive Ziegelwände ein Glasraster – das aber beim Neubau zurückgesetzt und im Unterschied zum Rest des Gebäudes horizontal organisiert ist. Was aber am meisten ins Auge fällt, sind die feingliedrigen Fensterrahmungen des glänzenden Glaskastens. Schwarze, senkrechte Aluminiumbänder sorgen mit ihren Lamellen für die Lüftung und geben zugleich das Raster der 398 identischen Fenster vor. Dahinter schimmert helles Holz. Das ist weitaus edler und eleganter als es die Nachkriegsmoderne je vermochte. Und was diese ganz sicher noch nicht konnte, ist die Klimatisierung: Die Lüftungselemente kühlen die Büros in der Nacht, und die Lichtführung ist so ausgeklügelt, dass auf kostenintensive Klimaanlage und äußeren Sonnenschutz verzichtet werden konnte.

BRÜHL & MOOSWALD

EIN UNBEKANNTER STADTTEIL

Brühl ist ein recht großer und dazu sehr heterogener Stadtteil im Nordwesten Freiburgs. Selbst viele Freiburger wissen nicht, dass zu ihm nicht nur der alte Güterbahnhof mit dem neuen Wohn- und Gewerbequartier, die Technische Fakultät mit der Neuen Messe nebenan, sondern auch das gut 1.000 Hektar große Industriegebiet Nord gehören. Auch die näher am Zentrum liegende Beurbarung gehört dazu: Hier nahm der Freiburger kommunale Wohnungsbau im Zuge der Industrialisierung im 19. Jahrhundert seinen Anfang, die Beurbarungsgesellschaft baute auf dem sumpfigen Brachland eine der ersten Arbeitersiedlungen der Stadt. Dass dieser große und noch recht junge Stadtteil nicht als solcher wahrgenommen wird – eher fühlt man sich als »Stühlinger« oder »Zähringer« – liegt auch daran, dass er durch riesige Verkehrsachsen durchkreuzt wird. Im Augenblick entsteht in dem weitläufigen Stadtteil neue Architektur, die ihm in vielerlei Hinsicht mehr Bedeutung verschafft. Auch im südwestlich angrenzenden Mooswald, der wesentlich durch die Wohnbebauung der 1930er Jahre geprägt ist, sind neue Wohngebiete wie der Sternenhof sowie das Einkaufszentrum Westarkaden entstanden, weitere wie Mooswald West sind noch in der Planungsphase.

Die Umnutzung von Industriebrachen findet derzeit in vielen Städten statt. Mit der Fertigstellung des Güterbahnhofs im Jahr 1905, der noch bis 1998 in Betrieb war, begann bereits die Entwicklung Brühls als Gewerbe- und Industriegebiet. Zwischen den Industriedenkmalen Zollhof und Lokhalle haben sich heute Kreative und Startups, aber auch etablierte Firmen, Hotels, Einzelhandel und soziale Einrichtungen angesiedelt. Außerdem sind auf dem Areal, das fast so groß ist wie Freiburgs Innenstadt, Wohnungen für etwa 2.000 Menschen entstanden. Ein Blick lohnt auch auf die Technische Fakultät, die seit 1994 auf einem Teil des ehemaligen Flugplatzgeländes mit vielen innovativen Forschungsbauten entsteht – in direkter Nachbarschaft mit dem neuen Fußballstadion des Freiburger SC und der Neuen Messe um die Ecke. Der Freiburger Flugplatz ist einer der ältesten Flugplätze in Deutschland und wurde bereits vor dem Ersten Weltkrieg auf dem Gelände eines Exerzierplatzes errichtet. Er diente auch als ziviler Verkehrslandeplatz, bis er 1941 vom Militär übernommen wurde. Nach dem Zweiten Weltkrieg waren hier zunächst französische Truppen stationiert. Im Jahr 1992 erwarb das Land Baden-Württemberg einen Teil des Geländes. Seit 1995 entsteht auf 40 Hektar ein Campus für die Technische Fakultät mit neuen Instituten wie etwa der Informatik, Mikrosystemtechnik, der Fraunhofer-Gesellschaft. Neubauten entstanden auch auf dem ehemaligen VAG-Betriebshof in der Komturstraße (2009–2014).

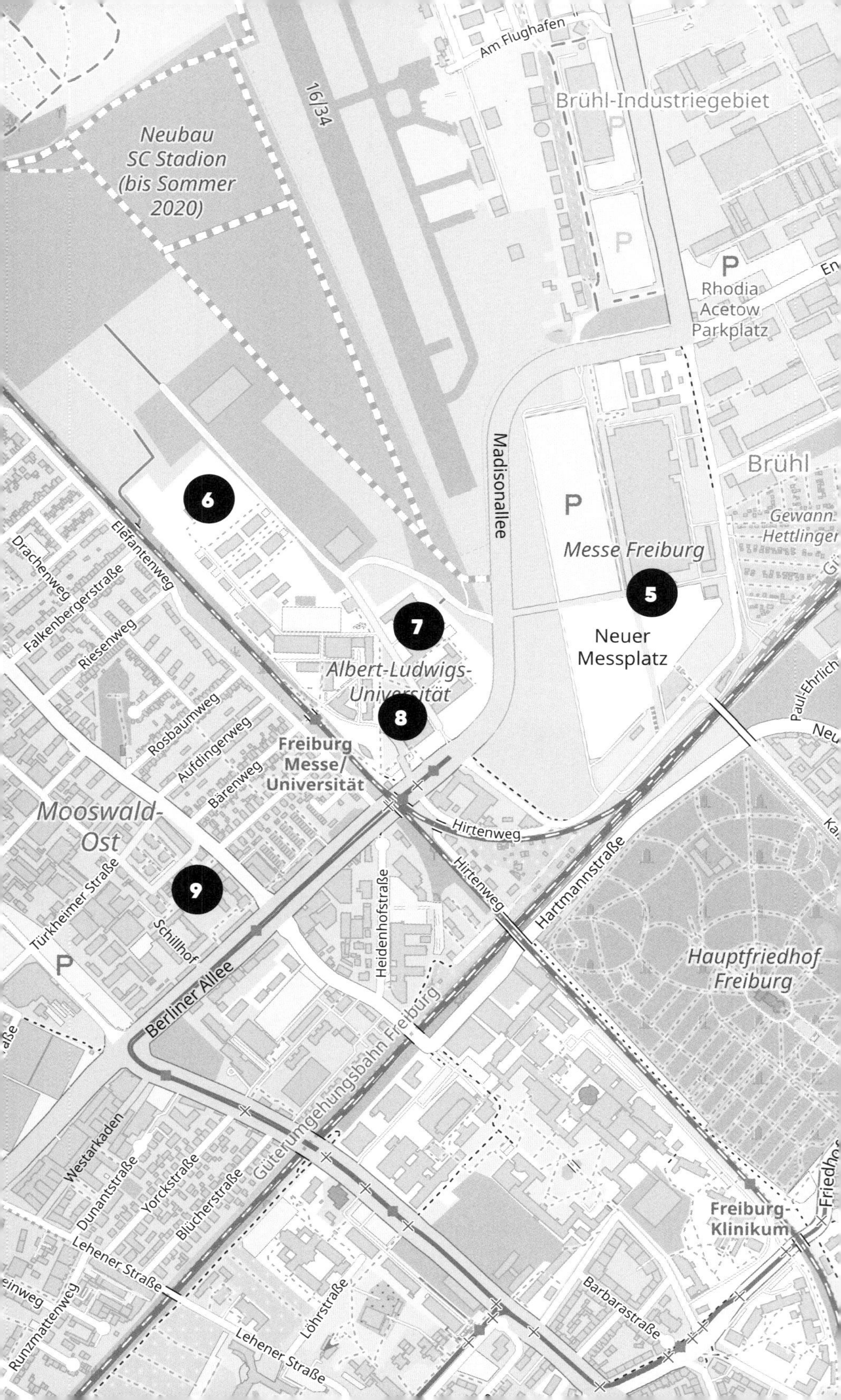
Am Flughafen
16/34
Neubau SC Stadion (bis Sommer 2020)
Brühl-Industriegebiet
P
P
P
Rhodia Acetow Parkplatz
Madisonallee
Brühl
P
Gewann Hettlinger
Messe Freiburg
6
5
7
Neuer Messplatz
Albert-Ludwigs-Universität
8
Drachenweg
Elefantenweg
Falkenbergerstraße
Riesenweg
Rosbaumweg
Aufdingerweg
Bärenweg
Freiburg Messe/Universität
Paul-Ehrlich
Mooswald-Ost
Hirtenweg
Hirtenweg
Hartmannstraße
Türkheimer Straße
9
Schillhof
P
Heidenhofstraße
Hauptfriedhof Freiburg
Berliner Allee
Güterumgehungsbahn Freiburg
Westarkaden
Dunantstraße
Yorckstraße
Blücherstraße
Freiburg-Klinikum
Lehener Straße
Runzmattenweg
Lehener Straße
Löhrstraße
Barbarastraße

1 Zollhallenplatz
2 Druckerei Simondruck
3 Neubauten Rennweg und Komturstraße
4 Church-Chill
5 Messe
6 Studentenhäuser Technische Fakultät
7 FIT
8 Dekanat & Bibliothek der Technischen Fakultät
9 Sternenhof
Zähringen
Reutebachgasse
Tullastraße
Zinkmattenstraße
Isfahanallee
Engesserstraße
Buchenstraße
Jägerstraße
Wackerstraße
Röteбuckweg
Liebühl
Im Gärtle
Siemensstraße
Lameystraße
B 3
Rastatter Straße
Karlsruher Straße
Kehler Straße
Offenburger Straße
Zähringer Straße
Berta-Ottenstein-Straße
Rotackerstraße
Sonnhalde
Rötebuckweg
In der Röte
Hornusstraße
Kaschnitzweg
Röteweg
Brühl-Güterbahnhof
Gluckstraße
Richard-Wagner-Straße
Schubertstraße
Eugen-Martin-Straße
Händelstraße
Haydnstraße
Zollhallenstraße
Waldkircher Straße
Komturstraße
Okenstraße
Schumannstraße
Brahmsstraße
Kandelstraße
Stecher
Beurbarung
Ferrandstraße
Wölflinstraße
Sautierstraße
Hermann-Herder
Tivolistraße
Stadtstraße

1 Zollhallenplatz

Waldkircher Straße 12
Straßenbahn 2 – Eichstetter Straße
Ramboll Studio Dreiseitl, Überlingen
2011

Das 1904 erstellte Zollverwaltungsgebäude im Stil der Neo-Renaissance blickt nun auf eine völlig veränderte Umgebung. Wie auf einer Bühne dient es als Kulisse für die als Platz der Begegnung konzipierte, vor ihm liegende Fläche. Möbel aus Stein und Holz laden auf dieser zum Verweilen ein; der Boden ist teilweise mit altem Pflaster belegt. Sämtliche Oberflächen sind aus hochwertigen Abbruchmaterialien von Mauern des Güterbahnhofgeländes entstanden – der Platz atmet also trotz seiner Modernität Vergangenheit. Doch nicht der ganze Bereich wurde versiegelt; begrünte Versickerungsflächen

leiten das Regenwasser zudem nicht in die Kanalisation, sondern es wird nach Reinigung direkt dem Grundwasser zugeführt. Hierzu sind unterirdische Rigolen (Pufferspeicher) angelegt worden. Ein knallroter Würfel mit dem Imbiss »Extrawurst« erinnert an die zahlreichen Buden, an denen sich die früher hier tätigen Arbeiter versorgt hatten. Welch ein Glücksfall, dass die Sanierung dieses Vorplatzes erst vor etwa 10 Jahren begonnen hatte. Es braucht nicht viel Fantasie, um sich vorzustellen, dass die 1970er Jahre aus dieser scheinbar nutzlosen Fläche einen seelenlosen Großparkplatz gemacht hätten.

2 Druckerei Simondruck

Güterhallenstraße 2
Straßenbahn 2 – Eichstetter Straße
hotz + architekten, Freiburg
2016

Wer sich den Gebäuden von Osten nähert, wähnt sich am Meer. Riesige Buge von Kreuzfahrtschiffen scheinen vor einem aufzuragen. Ist das noch Freiburg? Ja, das ist Freiburg. Es ist ein herbes, noch unbekanntes Freiburg, das da im Norden emporwächst. Das fünfgeschossige Wohn- und Geschäftshaus sowie das dreigeschossige Druckereigebäude sorgen mit ihren abgerundeten Ecken für einen Hingucker. Sogar die nördlich gelegene Tiefgarage nimmt mit ihrer bogenförmigen Einfahrt das Motiv der Rundung auf. Der niedrigere Bau als Produktionsstätte der Druckerei vermittelt gekonnt zwischen den langgestreckten historischen Güterhallen, setzt aber einen bewussten Kontrast zum detailreichen Jugendstilgebäude Waldkircher Straße 16. Auch technisch beeindruckt die Produktionsstätte der Druckerei: Das Plusenergiehaus beinhaltet ein Biogas-Blockheizkraftwerk, welches nicht nur die Maschinen versorgt, sondern auch Energieüberschüsse erzielt. Die von den Maschinen abstrahlende Wärme wird durch ein Kraft-Wärme-Kopplungsverfahren zum Heizen des Betriebes genutzt. Bei hohen Temperaturen hingegen verhindert ein beweglicher Sonnenschutz eine zu starke Aufheizung der Räume. Optimales Klima also, fast wie am Meer.

Die Flachdächer beider Häuser sind begrünt.

Komturstr.
Rennweg

3 Neubauten am Rennweg und Komturstraße

Komturstraße 9–13, Rennweg 49–51
Straßenbahn 2 – Rennweg
Rothweiler + Färber Architekten, Freiburg
2015

Der Vorgängerbau war ein Symbol – ein Symbol für den Startschuss der Baugenossenschaft Familienheim, die sich 1930 gegründet hatte, um die Idee des gemeinnützigen Bauens zu verwirklichen. Das erste Projekt Ecke Rennweg und Komturstraße musste aufgrund des schlechten Untergrundes – das Gebäude stand auf einer zugeschütteten ehemaligen Kiesgrube – abgebrochen werden. Der Neubau von 2015 an gleicher Stelle fügt sich bestens ein in diesem Karree, das von Wohnblöcken der 1920er bis 1950er Jahre gesäumt wird – freilich ohne die Kleinteiligkeit der Fassade des Ursprungsbaus zu erreichen. Denn Ziel war nicht eine historisierende Gestaltung im alten Bestand, sondern ein adäquater Bezug auf die Modernität des nahen Güterbahnhof-Areals. Dies zudem in der Nachbarschaft eines bedeutenden Kulturdenkmals von 1930, der Kirche St. Konrad und Elisabeth. Sie ist schon im Stil der nüchternen »Neuen Sachlichkeit« errichtet worden und setzt damit ebenfalls einen Kontrast zu den traditionellen Lochfassaden ringsum. Die Markierung der Straßenecke mit übergroßer Schrift und farbigen Akzenten im Erdgeschoss lockert den großen Baukörper auf und fängt den Blick des Betrachters.

4 Church-Chill

Offenburger Straße 52
Straßenbahn 2, 4 – Hornusstraße
Rainer Disse, Karlsruhe (Ursprungsbau)
Architekturbüro an der Milchstraße, Freiburg (Umbau)
Ursprungsbau 1967, Umbau 2015

Ihrer Patronin hätte sie vermutlich gefallen, die ehemalige Kirche St. Elisabeth. Ist sie doch kein verschnörkeltes Barockkunstwerk an prominenter Stelle, sondern im unscheinbaren Stadtteil Brühl, wo Sehenswürdigkeiten selten sind. Aber der Kirchenbau gilt als bedeutendes Zeugnis so genannter »Industrie-Kirchen«. Architekt Rainer Disse hat den 1967 geweihten Sichtbetonbau schlicht und geradezu bescheiden geplant. Doch wie die Rosen in Elisabeths Korb, welche die aus der Burg herausgeschmuggelten Brote für die Armen verdeckten, ist das Schöne auch hier im Innern verborgen. Da immer weniger Menschen einen Gottesdienst besuchen, war die 2006 erfolgte Profanierung nur ein logischer Schluss. Doch was tun mit einem Ex-Gotteshaus? Obwohl es als unschicklich gilt, in der Kirche zu schlafen, dürfen die Bewohner der dort eingebauten Wohnungen genau das tun. Die 2015 fertiggestellte Anlage Church-Chill integrierte zudem auch einen Teil der ehemals sakralen Kunst. So beleuchtet das Emporenfenster nun das Treppenhaus, die Kerzenkapelle dient als Raumteiler, und auf der Restempore wird Brot geschnitten. Sie führt damit ein zweites Leben als Küchentheke. Der Heiligen Elisabeth hätte das gefallen.

Die bedeutenden Künstler Emil Wachter und Franz Gutmann hatten für die wertvolle Innenausstattung gesorgt. Von Wachter stammte das Chorfenster, das Tauffenster sowie das Fenster über dem Eingang; Gutmann gestaltete die Portale und den Kreuzweg.

5 Messe

Neuer Messplatz 1
Straßenbahn 4 – Technische Fakultät
Sacker Architekten, Freiburg
2006

Eine Messe ist ein wichtiger Wirtschaftsfaktor für eine Stadt. Als ein Ort der Kommunikation, an dem viele Menschen zusammenkommen, muss ein Messebau großzügig und mit einer funktionalen Infrastruktur ausgestattet sein. Die Freiburger Messe ist von vornherein so geplant, dass sie erweitert werden kann. Insgesamt vier streng kubische Hallen reihen sich hier aneinander, bilden aber durch das durchgehende Foyer mit Glasfassade eine Einheit, so dass viel Tageslicht einfällt. Wer schon einmal einen Tag in einer großen Messe verbracht hat, weiß wie wohl es tut, einen freien Blick nach draußen zu haben. Die schlanken, vorgelagerten Stützen lassen das Gebäude leicht wirken. Und damit die komplette Länge von 225 Metern nicht eintönig wirkt, sorgen Galerien, offene Treppen, Brücken und hölzerne Kuben für Abwechslung – so wird der riesige Messebau auf ein menschliches Maß zurückgenommen. Die Freiburger Messehallen zeichnen sich durch ihre Flexibilität aus – auch ein wichtiges Kriterium. So können etwa in der nördlichen Sick-Arena, die 9.000 Besucher aufnehmen kann, Konzerte, Sportveranstaltungen, Fernsehshows, aber auch ein ganz normaler Messebetrieb stattfinden. Während in den anderen Hallen Stahl, Glas und Beton dominieren, hebt sich diese Multifunktionshalle mit wärmer wirkenden Erlenpaneelen ab.

Seit Juli 2018 hat die Messe Gesellschaft bekommen: Die Freiburger Wirtschaft Touristik und Messe (FWTM) sitzt jetzt im weißen »Kopfbau« (WWA Architekten, München) am südöstlichen Rand des Areals.

Messen sind mit vielen gesellschaftlichen Aspekten verknüpft: etwa mit der Entstehung von Städten, des Handels und damit der Wirtschaft und den Banken. Auch Freiburg ist im Jahr 1120 in erster Linie als Markt gegründet worden. Als ein früher historischer Vorläufer in Freiburg kann das Historische Kaufhaus am Münsterplatz (1520–1532) gesehen werden, der direkte Vorgänger ist der denkmalgeschützte Bau von 1954 am Alten Messeplatz östlich der Altstadt.

SICK ARENA

Messe

6 Studentenhäuser Technische Fakultät

Georges-Köhler-Allee 71–73 und 206–208
Straßenbahn 4 – Technische Fakultät
ABMP Amann Burdenski Munkel Preßer, Freiburg
2013 (I–II), 2017 (IV)

In einer Universitätsstadt wie Freiburg gibt es etliche Wohnheime für Studierende. Die größte Anlage ist die Studentensiedlung am Seepark, in der heute 1.500 Menschen wohnen. Sie wurde in den 1960er Jahren in einer parkähnlichen Wohnlandschaft neu gebaut und 2012 vom Freiburger Architekturbüro ABMP erweitert. Dieses Büro errichtete auch die Studentenhäuser Campus I-IV auf dem ehemaligen Flugplatzgelände, die hier als Beispiel für einen Neubau dieses Bautyps dienen.

Von außen wirken die streng gerasterten, in Weiß- und Grautönen gehaltenen Riegel nicht besonders spektakulär. Was überrascht, ist das Innere im Gebäude Campus I: hier wurde zusammen mit dem Freiburger Künstler Ben Hübsch ein wildes

Farbkonzept für die jungen Bewohner entwickelt. Flächen in Zartrosa und Giftgrün, tiefem Rot, kräftigem Orange oder kaltem Türkis wechseln sich hier munter und kontrastreich ab.
Je nach Standpunkt fügen sie sich immer wieder zu einem neuen Bild zusammen. Die Wohngemeinschaften und Einzimmerwohnungen sind dagegen in neutralem Weiß gehalten und gut ausgestattet.

Vorgabe für das Wohnheim war: schnell und günstig. Deshalb wurden standardisierte Grundrisse entwickelt, die eine serielle Fertigung aller Wandelemente mit Stahlbetonfertigteilen ermöglichten. So konnte jedes Gebäude innerhalb eines Jahres gebaut werden – und mit einem der kostengünstigsten Gestaltungsmittel, der Wandfarbe, innen mehr Wohnqualität verliehen werden.

7 FIT – Zentrum für interaktive Werkstoffe und bioinspirierte Technologien

Georges-Köhler-Allee 105
Straßenbahn 4 – Technische Fakultät
ArGe Architekten, Waldkirch
2015

Im FIT am Rand des Flughafenareals befinden sich Einrichtungen, die fachübergreifend Grundlagenforschung für interaktive Werkstoffe und intelligente Systeme betreiben. Das FIT besteht aus zwei parallelen Baukörpern, die ein mit Glas überdachtes Atrium rahmen. Verglaste Brücken verbinden die beiden Bauteile im oberen Geschoss und fördern die Kommunikation, denn hier treffen sich die Wissenschaftler zwangsläufig. Für Forschungsbauten ist es wichtig, dass die Architektur viele Möglichkeiten zum Austausch anbietet, etwa durch Teeküchen in zentraler Lage, Sitzgruppen oder eben sich kreuzende Wege.

Die Außenfassade besteht aus Schiefer, der in unterschiedlich hohen Bahnen in gleicher Höhe rund um den Bau verläuft, innen dominiert dagegen heller Sichtbeton. Von außen kann man das Kunstwerk »Transform« von Daniel Widrig sehen, das an der Decke des Innenhofs hängt. Die schwarze Form erinnert an eine Zellstruktur oder chemische Verbindung. Sie nimmt nicht nur die

Farbe der Außenfassade auf, sondern auch den Forschungsgegenstand der hier arbeitenden Wissenschaftler: smarte Materialien. Der Künstler ist selbst Architekt und hat im Büro von Zaha Hadid gearbeitet.

Dafür, dass das Gebäude nur dreigeschossig ist, wirkt es sehr hoch. Der Grund für die extreme Raumhöhe: In den Laboren verbirgt sich viel Technik, die sozusagen unter der Decke schwebt.

Die Arbeit an den wertvollen Elektronenmikroskopen darf nicht unter Erschütterungen leiden. Um ganz sicher zu gehen – wegen der nahen Güterbahnstrecke und falls einmal eine Straßenbahn gebaut wird –, erhielt der Bau extrem starke Fundamente: Im Keller sind Pfeiler von 9 x 30 Metern, die massiv aus Beton bestehen.

8 Dekanat & Bibliothek der Technischen Fakultät

Georges-Köhler-Allee 101
Straßenbahn 4 – Technische Fakultät
Universitätsbauamt Freiburg /
Klaus Max Rippel, K. Erler, D. Magzinivic, D. Homberger
1999

Gleich mehrere Premieren waren im März 1999 zu feiern: Das Lehrgebäude 101 der Universität wurde eingeweiht; zeitgleich landeten mehrere Flugobjekte auf dem Platz davor und schickten sich an, das neu eröffnete Haus zu erobern. Zwei Jahre zuvor wurde zwar ein Wettbewerb zur zweidimensionalen Gestaltung der Fassade des geplanten Bauwerks ausgelobt, doch der Dynamik der »Jump and Twist« getauften, geradezu ungestüm wirkenden Kunstwerke konnte sich die Jury nicht entziehen. Der Künstler Dennis Oppenheim hatte sie passend zum Areal des früheren Flugplatzes konzipiert, das nun von der Universität genutzt wird. In der campusartigen, durch Grünflächen aufgelockerten Anlage dominieren Bauten mit streng gerasterten Fassaden. Das Gebäude 101, welches unter anderem das Dekanat sowie eine Bibliothek

beinhaltet, stimmt jedoch mit seinen spiegelnden Flächen auf die Themen Leichtigkeit und Himmel ein. Oppenheim sah in der Glasfassade eine Art Membran, welche die innere und äußere Gedankenwelt verbindet, und ließ eines seiner Objekte gar die Wand durchbrechen. In der Eingangshalle rotiert ein weiteres Kunstwerk unter der Decke als Sinnbild eines Propellers, der stetig zum Weiterfliegen treibt.

Die schräge, sich windende »Doppelrolle« des Künstlers Olaf Metzel setzt am nördlichen Rand des Areals einen reizvollen Kontrast zur Regelmäßigkeit der Labor- und Technikgebäude.

9 Sternenhof

Elsässer Straße und Elisabeth-Emter-Weg (Kita Elisabeth-Emter-Weg 26)
Straßenbahn 4 / Bus 10, 22, 36 – Elsässer Straße
Dörr & Irrgang Architekten / Freiburg, K9 Architekten, Freiburg / MoRe Möhrle + Reinhardt Architekten, Hamburg/Freiburg
2013–2015

Vielleicht ist es vermessen zu sagen, dass Architekten grundsätzlich nach den Sternen greifen. Zwar streben sie nach Höhe, doch der Wunsch der Bauherrschaft zeigt Grenzen auf – finanzielle, baurechtliche, gestalterische. Der Vorteil eines komplett neuen Quartiers liegt darin, sich wenig an Vorhandenes anpassen zu müssen. Im Viertel Sternenhof kann sich Architektur austoben wie ein Kind auf den dortigen Freiflächen. Fenster dürfen tanzen, die Fassade aufmischen und bewusst mit der Tradition der Symmetrie brechen. Nach dem Wegzug der vormals hier ansässigen Firma Hüttinger war ein großes Karree neu zu überplanen. In fünf Bauabschnitten wuchsen Wohn- und

Gewerbebauten in die Höhe. Das Foto zeigt den Abschnitt B (MoRe Möhrle + Reinhardt Architekten). Die jeweilige andersartige Gestaltung der Baukörper sowie die Grünanlagen vermitteln die Illusion eines lebendig gewachsenen Quartiers, in dem Platz für alle Bevölkerungsschichten ist. Zielgruppen waren neben Studierenden vor allem Familien mit Kindern. So wirkt die Kita Sternenhof am Elisabeth-Emter-Weg mit ihren bunten Fensterrahmen wie ein Stein gewordenes Mosaik aus Transparentpapier. Ein auf dem reich bestückten Motto-Spielplatz gelandetes Holzflugzeug lässt gar Kinderträume zu den Sternen fliegen.

DIE FREIBURGER STADTBAU

Die 1919 als gemeinnützige Siedlungsgesellschaft gegründete Freiburger Stadtbau hat ihre Wurzeln in der nach dem Ersten Weltkrieg herrschenden Wohnungsnot. Ausgebombte Menschen, zurückkehrende Soldaten, die Familien gründeten, und aus dem Elsass Geflüchtete suchten bezahlbaren Wohnraum in der Region. In vielen Stadtteilen sind seitdem preisgünstige Wohnungen für einkommensschwächere Menschen entstanden. Die heute größte Wohnungsbaugesellschaft Südbadens erstellte in der Anfangszeit vor allem Arbeitersiedlungen. Heute vermietet die Freiburger Stadtbau über 11.000 Wohnungen. In den letzten Jahren

sind zudem Reihenhäuser und Eigentumswohnungen als Bauprojekte hinzugekommen. Deshalb steht die Stadtbau auch oft in der Kritik, weil sie sich damit von ihrer ursprünglichen Zielsetzung entfernt. Am sogenannten Rennwegdreieck, das wegen seiner Form so genannt wird, wird ein Haus der Stadtbau erstehen, welches wie ein Kuchenstück in die Kreuzung ragt. Hier werden 49 Miet- und Eigentumswohnungen entstehen. Die ehemalige Rasenfläche war bislang unbebaut gewesen. 2020 sollen die ersten Bewohner einziehen.

HASLACH & STÜHLINGER

ERSTE SCHRITTE AUF DEM WEG ZUR GROSSSTADT

Diese beiden Stadtteile haben eines gemeinsam: Sie sind Ergebnis des Wachstumsschubs, den Freiburg aufgrund der Industrialisierung im 19. Jahrhundert erfuhr. Zählte Freiburg um 1840 noch knapp 14.000 Einwohner, waren es zur Jahrhundertwende schon über 60.000. Es musste also – wie heute – in kurzer Zeit viel Wohnraum geschaffen werden, und so wagte man erstmals den städtebaulichen Schritt nach Westen über die 1845 eröffnete Eisenbahnlinie hinaus.

Den Stühlinger verbinden die meisten zunächst mit dem beliebten Wohn- und Ausgehviertel zwischen Bahnhof und Eschholzstraße. Die zusammenhängende und dichte Blockrandbebauung der Gründerzeit mit ihren historistischen Fassaden und kleinen Hinterhöfen strahlt eine urbane und lebendige Atmosphäre aus. Man wohnt gerne in dem früheren Handwerker- und Arbeiterbezirk, es gibt viele Cafés, Kneipen, Läden und kulturelle Angebote wie zum Beispiel im E-Werk, einem typischen Industriebau um 1900. Der Gewerbehof gegenüber zeigt, wie gemischt das Quartier heute noch ist, daneben sind Wohnungen auf die Fundamente zweier ehemaliger Gasbehälter gebaut, und um die Ecke steht die alte Löwenbrauerei. Diese und die Wiwilí Brücke (im Volksmund »Blaue Brücke« genannt, erbaut 1885) stehen für die frühe Industrialisierung und Urbanisierung der Gründerzeit in Freiburg. Doch das ist nur ein kleiner Teil des Stühlingers. Zu ihm gehören auch die Zeilenbauten der 1950er Jahre zwischen Eschholzstraße und Fehrenbachallee und sogar einige Punkthochhäuser im Bereich der Lehener Straße. Und es geht sogar noch größer. Die Universitätsklinik wurde 1926 im nördlichen Bereich angesiedelt und wächst immer weiter. Zentrale stadtübergreifende Einrichtungen wie das Arbeitsamt, das Regierungspräsidium und zuletzt vor allem das neue Rathaus im Stühlinger machen den Stadtteil zu einem zweiten Zentrum Freiburgs. Unabhängig davon wird es vor allem im westlichen Stühlinger auch in der Zukunft mehr Wohnraum geben. Die 50er-Jahre-Bauten im Metzgergrün werden sukzessive durch 550 neue Wohnungen ersetzt (Dietrich | Untertrifaller, Bregenz, Ramboll Studio Dreiseitl, Überlingen). Auf dem benachbarten Gebiet Klein-eschholz zwischen Rathaus und Arbeitsamt sollen weitere 1.000 Wohnungen entstehen (geplant von denselben Büros).

Während der Stühlinger im 19. Jahrhundert auf der grünen Wiese komplett neu errichtet wurde, ist das südlich davon gelegene Haslach sogar älter als Freiburg. Bereits im 8. Jahrhundert wurde das Dorf in den Quellen erwähnt. Es wurde erst 1890 eingemeindet, blieb aber zunächst weiterhin landwirtschaftlich geprägt, weil sich der Stühlinger zunächst vor allem nach Norden in Richtung Beurbarung und Güterbahnhof entwickelte. Erst mit dem Bau der Ochsenbrücke im Jahr 1912, der Ansiedlung von Firmen und kurz darauf dem Bau der Gartenstadt (s. S. 163) fand der Wandel vom Bauerndorf zum Arbeiterviertel statt. In der Folge wurde Haslach kontinuierlich zum Wohngebiet entwickelt und hat als solches eine gute Infrastruktur. Vor allem seit den 1960er Jahren entstanden Schulen, Kindergärten und ein Hallenfreibad. Inzwischen ist die Staudingerschule – die erste und lange Zeit einzige staatliche Gesamtschule im konservativen Baden-Württemberg – sanierungsbedürftig geworden und wird ab 2019 neu gebaut (Sacker Architekten, Freiburg).

Haslach ist im Gegensatz zu seiner Umgebung traditionell protestantisch – und ein bisschen anders ist es auch sonst immer geblieben. Lange Zeit hatte es den Ruf eines sozialen Brennpunkts, heute aber entwickelt sich der multikulturelle Stadtteil zu einem begehrten Wohnviertel, besonders auch für jüngere Bewohner. Einen großen Anteil an der Entwicklung haben die Gutleutmatten, die größte noch verbliebene Entwicklungsfläche nahe der Innenstadt. Hier entstehen seit 2013 über 500 Wohnungen für ca. 1.200 bis 1.300 Menschen. Ein Anteil der Baugrundstücke wurde an Baugemeinschaften übergeben, gut 50% der Wohnungen sind gefördert und mietpreisgebunden, der Rest sind geförderte und freifinanzierte Eigentumswohnungen

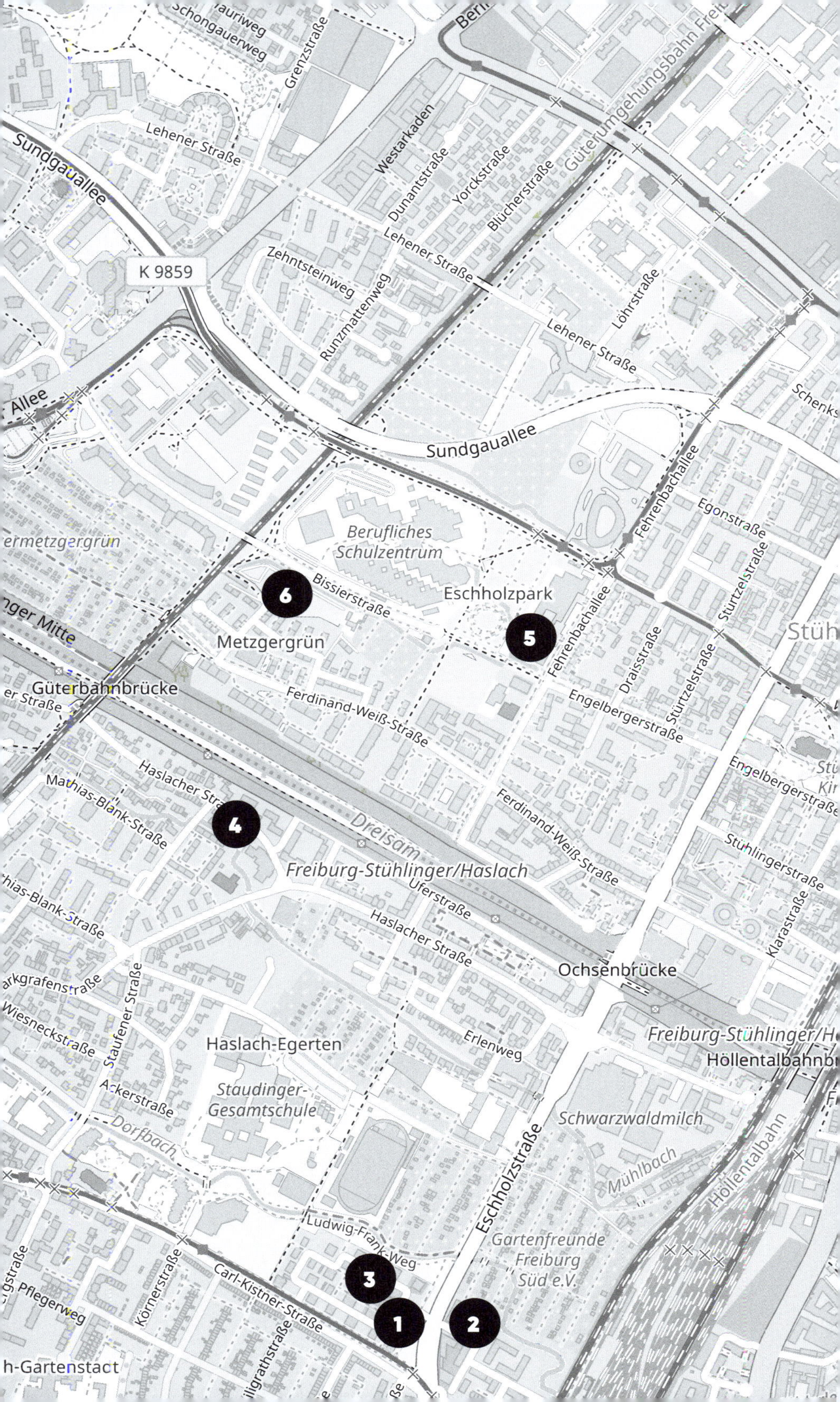

Schongauerweg
Grenzstraße
Lehener Straße
Sundgauallee
Westarkaden
Dunantstraße
Yorckstraße
Blücherstraße
Güterumgehungsbahn Frei
K 9859
Zehntsteinweg
Runzmattenweg
Lehener Straße
Löhrstraße
Allee
Sundgauallee
Schenks
Fehrenbachallee
Egonstraße
Berufliches Schulzentrum
Eschholzpark
Bissierstraße
Metzgergrün
Güterbahnbrücke
Ferdinand-Weiß-Straße
Engelbergerstraße
Draisstraße
Stürtzelstraße
Fehrenbachallee
Haslacher Straße
Mathias-Blank-Straße
Dreisam
Freiburg-Stühlinger/Haslach
Ferdinand-Weiß-Straße
Engelbergerstraße
Stühlingerstraße
Uferstraße
Haslacher Straße
Klarastraße
Ochsenbrücke
Staufener Straße
Wiesneckstraße
Haslach-Egerten
Erlenweg
Freiburg-Stühlinger/H
Höllentalbahn
Staudinger-Gesamtschule
Ackerstraße
Dorfbach
Eschholzstraße
Schwarzwaldmilch
Mühlbach
Höllentalbahn
Ludwig-Frank-Weg
Gartenfreunde Freiburg Süd e.V.
Körnerstraße
Carl-Kistner-Straße
Pflegerweg
h-Gartenstadt
1
2
3
4
5
6

Freiburg-Herdern
Rennweg
Glasbach
Brühl-Beurbarung
Friedhofstraße
Kandelstraße
8
Klinikum
Burgunde
Sautierstraße
Rotlaubstraße
Jacobistraße
Ferrandstraße
Rheintalbahn
Stefan-Meier-Straße
Karlstraße
Wölflinstraße
Hermann-Herder-Straße
Marchstraße
Albertstraße
Rheinstraße
Ludwigstraße
Hebelstraße
K 9859
Bernhardstraße
Bismarckallee
Rosastraße
Weberstraße
Wentzingerstraße
Stadtgarten
Unterlinden
Freiburg (Breisgau) Hauptbahnhof
Eisenbahnstraße
Gauchstraße
Turmstraße
Rathausgasse
Herrenstraße
B 3
Altstadt
Sedanstraße
Niemensstraße
Schusterstraße
Schoferstraße
Salzstraße
Im Grün
Kronenstraße
Basler Straße
Mittelwiehre
Reichsgrafenstraße
1 Langhaus
2 3HäuserProjket: Luftschloss, LAMA, SchwereLOS
3 Futur2
4 Wohnbebauung Haslacher Straße/Uferstraße
5 Rathaus im Stühlinger
6 Regierungspräsidium
7 Mobile
8 Universitätsklinik Notfallzentrum

1 Langhaus

Magdalena-Gerber-Straße 1–5
Straßenbahn 5 – Pressehaus
Stefan Forster Architekten, Frankfurt
2017

Man kommt nicht umhin, gleich am Eingang des neuen Stadtteils Gutleutmatten das hellrote, sechsgeschossige Langhaus zu bemerken, welches die Eschholzstraße flankiert. Durch das lange, schmale Grundstück an dieser Stelle hatten die Architekten wenig Spielraum: Die Gebäudeform war weitgehend vorgegeben – und das gleich am Siedlungs-Eingang, der doch den ersten Eindruck prägt. Den Wettbewerb für diese knifflige Aufgabe gewann das auf Wohnungsbau spezialisierte Frankfurter Büro Stefan Forster Architekten. Sie entwarfen nicht einfach nur einen Riegel, in dem 40 Sozialwohnungen Platz finden, sondern brachen die Monotonie der Fassade auf, die ein solcher Zeilenbau oft mit sich bringt. Diese ist vertikal gefaltet, springt leicht vor und zurück, damit findet das betrachtende Auge einen Rhythmus. Die Dachkante folgt

Das Langhaus und manch andere Gutleutmatten-Bauten befinden sich in Bezug auf ihren sozialreformerischen Ansatz in guter Nachbarschaft mit der Gartenstadt. Diese wurde nach dem Konzept der Gartenstadtbewegung gebaut: Die Bewohner sollten möglichst günstige Mieten zahlen und sich mit eigenem Gemüseanbau selbst versorgen können. Die Bewegung geht auf den englischen Genossenschaftssozialisten Ebenezer Howard zurück, der 1898 ein Modell der Stadtentwicklung entwarf, um den schlechten Wohn- und Lebensbedingungen in den überfüllten Mietskasernen der Großstädte und der Bodenspekulation entgegenzuwirken. In Deutschland entstanden viele Siedlungen nach diesem Modell. In Freiburg gründete man 1913 eigens die gemeinnützige Baugenossenschaft Gartenvorstadt, ein Vorläufer des heutigen Bauvereins. Der Bau der Gartenstadt wurde schon 1914 begonnen, jedoch durch den Ersten Weltkrieg unterbrochen und erst in den 1920er Jahren fortgesetzt. Die fächerförmige Anlage besteht aus 450 Häusern, ist denkmalgeschützt und gilt als eine der besterhaltenen Gartenstädte Deutschlands.

dieser Faltung, indem sie leicht fällt und steigt, so dass man sie unwillkürlich mit Giebeln von mehreren, nebeneinander stehenden Häusern assoziiert. Die weißen, leicht zurückgesetzten Fensterfaschen lockern zusätzlich auf und lassen die Fenster größer wirken als sie sind. Auf der rückwärtigen, der Straße abgewandten Seite, öffnen sich großzügige Loggien nach Westen.

2 3HäuserProjekt: Luftschloss, LAMA, SchwereLOS

Arne-Torgersen-Straße 3–7, 12 und 24
Straßenbahnlinie 5 – Pressehaus
Werkgruppe Freiburg , Freiburg
2018

Diese drei Mietshäuser sind gemeinsam mit dem Freiburger Mietshäuser Syndikat (s. S. 166) entstanden. Für die Planung, Finanzierung und den Bau waren von Anfang an die künftigen Mieter verantwortlich. Der Wunsch war, einen Raum für gemeinschaftliches, soziales und generationenübergreifendes Wohnen zu schaffen. So leben in insgesamt 45 Wohnungen etwa 140 Menschen, vom Single bis zur Wohngemeinschaft oder Großfamilie. Drei große Wohnungen sind für Menschen mit Fluchterfahrung reserviert, außerdem in dem größten der drei Häuser, SchwereLOS, je eine Wohnung für die Freiburger Hilfsgemeinschaft (Betreutes Wohnen für psychisch Erkrankte) und FreiRaum (Hilfen für Frauen in Wohnungsnot). Dazu kommt eine Kita. Die Häuser sind durchgehend barrierefrei, je eine Wohnung ist rollstuhlgerecht. So ist in diesen drei Häusern etwa ein Spektrum wie in der realen Gesellschaft abgebildet. Es ist erklärtes Programm dieses von den Bewohnern des selbstverwalteten Projekts, die Leistungen für die Schwächeren zu erbringen, wie es die Gesellschaft tut oder tun sollte. Die dauerhaft günstigen Mietpreise sind möglich durch Verzicht auf teure Extras und die Kooperation mit dem Mietshäuser Syndikat.

Die drei Gebäude erkennt man an dem zweifarbigen Rillenputz, der durch das ungleichmäßige Abreiben der oberen Putzschicht entsteht. Die drei Häuser sollten zwar unterschiedlich farbig (grün, rot und blau) sein, aber man sollte auch erkennen, dass sie zusammengehören. So ist dieser Kompromiss entstanden.

NEUE WEGE FÜR BEZAHLBARES WOHNEN: DAS MIETSHÄUSER SYNDIKAT

Eine Freiburger Spezialität ist das Mietshäuser Syndikat. Dies ist ursprünglich aus dem Freiburger Häuserkampf der 1980er Jahre hervorgegangen. Heute hat das von Freiburg aus koordinierte Netzwerk über 100 Hausprojekte in ganz Deutschland – sowohl gekaufte Bestands- als auch Neubauten.

Während Baugruppen als Bauherrengemeinschaft für ihr Eigenheim bauen, baut das Mietshäuser Syndikat auf das Prinzip Miete. Die Mieter organisieren sich in einem Hausverein selbstbestimmt und kümmern sich um alle Belange, als wären sie die Eigentümer. Die Mietkosten sind über Jahrzehnte garantiert niedrig; sie können sogar unter acht Euro pro Quadratmeter liegen. Bei Neubauten sind wie bei den Baugruppen die niedrigeren Kosten zunächst einmal darin begründet, dass die Gewinne der Investoren entfallen. Außerdem verzichtet man auf teure Extras in der Ausstattung. Vor allem aber ist das Finanzierungs- und Gesellschaftsmo-

dell außerordentlich klug durchdacht und solidarisch. Die Mieter werben in ihrem Umfeld für (meist private) Direktkredite, die als Eigenkapital eingesetzt werden können und Bedingung für die Förder- und Geschäftsbankkredite sind. Zudem unterstützen ältere Projekte die neuen mit einem Solidarbeitrag und Knowhow. Jedes Hausprojekt ist als eigenständige GmbH rechtlich und wirtschaftlich selbständig. Der Hausverein und die Mietshäuser Syndikat GmbH bilden zwei gleichberechtigte Gesellschafter der Hausbesitz GmbH mit Stimmrecht in Fragen der Immobilienverwertung, insbesondere beim Verkauf. Durch diesen Kniff ist ein Verkauf praktisch unmöglich: Das Haus ist dauerhaft dem Immobilienmarkt entzogen, die Mieten bleiben stabil. Angesichts der Diskussionen über kostengünstigen Wohnraum zeigt dieses Modell, dass es möglich ist, komfortablen, barrierefreien Wohnraum zu schaffen, der den unterschiedlichsten Ansprüchen und Wohnformen genügt und dennoch bezahlbar ist.

3 Futur2

Magdalena-Gerber-Straße 6
Straßenbahn 5 – Pressehaus
Rolf Disch SolarArchitektur, Freiburg
2019

»Viel Holz« kann man zu diesem Gebäude nur sagen, auch wenn man es ihm von außen nicht ansieht. Das Futur2 ist ein Baugruppen-Projekt und mit sechs Stockwerken der höchste Massiv-Holzbau in Baden-Württemberg. Dreizehn Eigentums- und acht Mietwohnungen sind hier untergebracht, deren Bewohner den begrünten Dachgarten gemeinschaftlich nutzen können. Das Mehrgenerationen-Wohnhaus ist flexibel nutzbar, manche Wohnungen können vergrößert oder verkleinert werden. Es ist auch ein sogenanntes KfW-Effizienzhaus 40, was bedeutet, dass es einen sehr geringen Energiebedarf hat. Mit dem Freiburger Architekten Rolf Disch hat die Baugruppe einen seit langem anerkannten Experten in Sachen energieeffizientem Bauen und Solarenergie gefunden. Er realisierte auch im Stadtteil Vauban einige Solarprojekte. Mit dem Wohnhaus Heliotrop, das sich mit der Sonne dreht und das erste Plusenergiehaus weltweit ist, hat Disch internationale Aufmerksamkeit auf sich gezogen. Dass der »Solararchitekt« bevorzugt mit dem nachwachsenden Baustoff Holz baut, ist im allgemeinen weniger bekannt.

Holz erlebt gerade eine Renaissance und erobert sich die Stadt zurück. Der älteste Baustoff eignet sich hervorragend für das Errichten von mehrgeschossigen Bauten, ja sogar Hochhäusern. In den letzten Jahren ist sogar ein regelrechter Wettbewerb um das höchste Holzhochhaus entstanden: Derzeit (2019) ist das HoHo in Wien mit 24 Stockwerken und 84 Metern das höchste der Welt, doch schon sind noch höhere in Chicago (River Beach Tower, 80 Etagen, 244 m) und London (Oakwood Tower, 80 Stockwerke, 300 m) geplant. Auch Futur2 kann seinen bescheidenen Rekord nicht lange halten: Inzwischen wurde bereits mit dem Bau des höchsten Holzhochhauses Deutschlands in Heilbronn (10 Geschosse, 34 m) begonnen, und ein Holzturm mit 19 Geschossen ist in der Hamburger Hafencity angekündigt. Auch in Freiburg selbst bekommt das Futur2 Konkurrenz: In Weingarten ist ein Wohnhaus geplant, in dem sieben von acht Etagen komplett aus Holz sind. Möglich sind all diese Höhenflüge, weil sich der moderne Holzbau in den letzten Jahren intensiv weiterentwickelt hat und hybride Lösungen zulässt.

4 Wohnbebauung Haslacher Straße/ Uferstraße

Haslacher Straße 121–123/Uferstraße 81
Bus 14 – Mühle
mbpk melder binkert prettner kerner Architekten, Freiburg/Berlin
2012

Was macht man mit einer Brachfläche an einer stark befahrenen Straße? Dort Wohnungen zu bauen, ist eine besondere Herausforderung, denn man kann wohl kaum Schallschutzwände vor die Fenster setzen. Ein Glücksfall bei diesem Wohnquartier war es vielleicht, dass der Autobahnzubringer nördlich verläuft, so dass man die Wohnungen nach dem sonnigen Süden ausrichten konnte. Die Architekten haben die Wohnungen und die Baukörper so angeordnet, dass sich großzügige Fenster und Loggien nach Süden ausrichten. Nach Norden, mit zum Teil bereits bestehenden Bauten, zeigt sich der Komplex eher verschlossen.

Dadurch, dass die einzelnen Bauten mit einer Schallschutzverglasung verbunden sind, schützt sich die gesamte Anlage selbst gegen Lärm. Wenn man sich in den ruhigen Höfen und Gärten aufhält, glaubt man kaum, dass ganz nah der Verkehrslärm tobt (Außenanlagen: AG Freiraum, Freiburg). Die freundliche warme Farbgebung im Bereich der Fenster wirkt erfrischend und wertet die Umgebung auf. Der ganze Komplex besteht aus 47 geförderten und frei finanzierten Mietwohnungen und 34 Eigentumswohnungen – im Passivhausstandard und barrierefrei erschlossen.

SOZIALER WOHNUNGSBAU IN FREIBURG

Der Mangel an bezahlbarem Wohnraum ist ein dauerhaftes Problem. Freiburg zählt zu den ersten Städten in Deutschland, die den Bau von Wohnungen für sozial schwache Familien, auch mit Hilfe von gemeinnützigen Wohnungsbaugenossenschaften, selbst in die Hand genommen haben. Als ein erstes Projekt gilt die Freiau (1873 fertiggestellt). Auch heute noch sind die Genossenschaften – neben der Freiburger Stadtbau und wenigen privaten Investoren – die Akteure beim Bau und Unterhalt von Sozialwohnungen. Dabei ist das System an Abhängigkeiten von Bundes- und Landesmitteln recht komplex. Die Bauunternehmen, ob kommunal oder privat, können durch günstige Darlehen, Zuschüsse und steuerliche Begünstigungen ermutigt werden, Wohnungen zu bauen. Mittel wie zum Beispiel das Wohngeld unterstützen die Bewohner direkt, ebenso Maßnahmen wie der Schutz vor Kündigung oder Mietpreiserhöhung. Soweit die Theorie. Tatsache ist, dass die Zahl der Sozialwohnungen in Freiburg und auch bundesweit seit Jahren sinkt, weil es zu wenige Förderprogramme gibt. So fallen zum Beispiel viele zunächst geförderte

Wohnungen aus der Mietpreisbindung. Neue Sozialwohnungen zu bauen halten Investoren oft für unattraktiv. 1988 gab es einen großen Einschnitt, als der Bund die Wohngemeinnützigkeit aufhob und damit den Wohnungsbau dem Markt überließ. Aktuell gibt es Bestrebungen, ein solches Modell wieder einzuführen. Auch in Freiburg wurde das Problem erkannt und eine neue Ausrichtung der Wohnungsbaupolitik angegangen. So wurde Anfang 2019 zum Beispiel eigens ein »Referat für bezahlbares Wohnen« gegründet, das neue Strategien erarbeiten soll. Ideen gibt es schon: Baugebiete hauptsächlich an Genossenschaften und Bauvereine zu vergeben, wie für die Bebauung Stühlinger West angekündigt. Oder Baugrund nicht an die meistbietenden Investoren zu verkaufen, sondern an diejenigen mit dem besten Konzept für niedrige Wohnkosten – dazu muss der Boden allerdings städtisches Eigentum sein. Ein Beispiel zeigt, dass es sich auch für Investoren lohnen kann, bezahlbaren Wohnraum zu bauen: Am Kronenmühlbach in Haslach legt sich ein Investor freiwillig auf 60 Jahre mit 100% Sozialwohnungen fest.

5 Rathaus im Stühlinger

Fehrenbachalle 12
Straßenbahn 1, 2, 3, 4 – Rathaus im Stühlinger
Ingenhoven Architects, Düsseldorf
2017

Dieser riesige Rundling zwei Kilometer westlich der Altstadt ist das Ergebnis einer Entscheidung, die die Stadt im Jahr 2012 fällte: die sogenannte Verwaltungskonzentration. Zuvor waren sämtliche Ämter der Stadt Freiburg dezentral an sechzehn verschiedenen Standorten untergebracht, was sowohl für Verwaltung und Bürger umständlich war. Also wurde für das neue Zentrum im Stühlinger – der dadurch auch gefühlt mehr in die Mitte der Stadt rückt – ein Wettbewerb ausgeschrieben, der am Ende mehr als 3.000 Angestellten neue Büros bieten soll. Das Büro Ingenhoven Architects aus Düsseldorf überzeugte die Jury mit drei locker aneinandergefügten, ovalen Baukörpern (und einem kleineren runden für die Kita) in einem Park, die nach allen Seiten offen sind und so Durchblicke und Sichtachsen ermöglichen, welche die Ankommenden regelrecht anziehen. Denn das neue Rathaus will ein einladendes und transparentes Haus für alle Bürger sein, in dem man sich leicht orientieren kann. Der erste Baukörper ist seit 2017 bezogen, das ganze Ensemble soll 2024 fertiggestellt sein.

Die etwa 1.000 Besucher, die das Erdgeschoss täglich betreten, finden einen weiten, hellen und freundlichen Raum vor. Terrazzoboden, Oberflächen und Möbel sind vor allem beige, hellgrau und weiß, durch zwei Glaskuppeln fällt das Tageslicht aus dem darüber liegenden Innenhof. Hier gibt es offen einsehbar mehrere Anlaufstellen, Beratungs- und Informationsbereiche mit etwa 90 Arbeitsplätzen. Die angrenzende Kantine ist auch für externe Besucher offen.

Die Verwaltungsmitarbeiter in den fünf darüber liegenden, nicht öffentlichen Etagen arbeiten an offenen, kommunikativen und barrierefreien Arbeitsplätzen. Die einzelnen Büros orientieren sich an den Fenstern der Außenfassade und gruppieren sich um Meeting Points, um Teamarbeit und die Bildung von Projektgruppen zu fördern, die Architektur soll dem flexiblen und transparenten Arbeiten entgegen kommen.

Der eigentliche Clou ist aber die Fassade. Wie senkrechte Lamellen umrunden fast 900 schlanke Paneele aus Lärchenholz oder mit Solarmodulen den Bau und verleihen ihm seine transparente Wirkung. Sie sind so angeordnet, dass sie das Licht maximal einfangen können und zugleich die Büros vor direktem Sonneneinfall schützen. Auf der Nordseite überwiegen die Holzpaneele. Zusammen mit den Photovoltaik-Zellen auf dem Dach kann dieser Neubau im Lauf eines Jahres mehr Energie produzieren als er verbraucht. Die überschüssige Energie wird ins Stadtnetz eingespeist. Er ist somit das erste kommunale Netto-Plusenergie-Gebäude der Welt. Mit ihrem Neuen Rathaus hat die Stadt Freiburg als Green City ein klares Zeichen in puncto Klimaschutz gesetzt – und dafür den Deutschen Nachhaltigkeitspreis 2019 gewonnen.

Dieser Bau ist ein schönes Beispiel dafür, wie man die oft als hässlich empfundenen Solarelemente zu einem Gestaltungsmittel machen kann, und wie der architektonische Entwurf mit den energetischen Zielen harmoniert. In der Zwischenzeit hat sich auch in der industriellen Herstellung von Solarpaneelen einiges getan. Sie können individuell hergestellt und sogar so in die Fassade integriert werden, dass man dieser gar nicht ansieht, dass sie Strom produziert.

In der Empfangshalle ziert »LIMON«, ein Werk der Künstlerin Schirin Kretschmann, einen 47 Meter langen Abschnitt der vier Meter hohen Wand. Ein Wandrelief aus doppeltem Glas wurde mit leuchtend gelber Farbe beschichtet und dann von Hand in großzügiger Geste an manchen Stellen wieder frei gekratzt, so dass zusammen mit dem Licht lebendige Effekte entstehen. Die Entscheidung für das Kunstwerk fiel in einem Kunst-am-Bau-Wettbewerb.

Vom Rathaus ist es nur ein kleiner Katzensprung in den Eschholzpark. Dort befindet sich der überdimensionierte rote »Wasserschlauch« des New Yorker Künstlerpaars Claes Oldenburg und Coosje van Bruggen, der 1983 entstand. Er ist eine Reminiszenz an die Kleingärten, die hier dem Berufsschulzentrum und der Parkanlage weichen mussten.

6 Regierungspräsidium Freiburg

Bissierstraße 3 + 7
Straßenbahn 1, 3 – Runzmattenweg
Harter + Kanzler, Freiburg
2004

Schon vor dem neuen Rathaus im Stühlinger hat eine andere große Verwaltung ihre neue Heimat in diesem Stadtteil gefunden: das Regierungspräsidium Freiburg. Der Basler Hof, ein markanter Bau der Spätgotik in der Innenstadt, der heute unter anderem für Ausstellungen und Veranstaltungen genutzt wird, wurde zu eng. Im Jahr 2004 zog der Großteil der Behörde, in der an verschiedenen Standorten insgesamt fast 1.800 Mitarbeiter wirken, in den Freiburger Westen. Das Atriumgebäude ist einfach gegliedert und folgt konsequent einer geradlinigen und präzisen Struktur. Die Fassade wird durch auskragende Deckenplatten horizontal unterbrochen. Grauer Basalt und Glas dominieren das dunkle und ruhige Erscheinungsbild – ein angenehmer Kontrast zu der sonst recht heterogenen Umgebung. Alle senkrechten Elemente wie die Türen sind außen und innen raumhoch ausgeführt.

Im Zentrum des öffentlich zugänglichen Innenhofs sorgt ein künstlicher, kleiner See für Entspannung. Er speist sich aus Regenwasser und wurde von dem Freiburger Landschaftsarchitekten Pit Müller gestaltet. Im See liegen drei wie vom Wind hergewehte Schirme – nur dass sie aus Metall und daher nicht so leicht sind, wie es der Anblick suggeriert. Dieses Kunst-am-Bau-Projekt hat der Freiburger Künstler Stephan Hasslinger geschaffen.

! ***Ein Regierungspräsidium (RP) ist die Schnittstelle zwischen der Landesregierung und der Region – die mächtige Eminenz im Hintergrund, die alle Belange, die Stadt und Land betreffen, vermittelt, bündelt und koordiniert. Das RP Freiburg ist für die Stadt- und Landkreise der Regionen Hochrhein-Bodensee, Südlicher Oberrhein und Schwarzwald-Baar-Heuberg zuständig. Unter seinem Dach sind alle Bereiche der öffentlichen Verwaltung wie etwa Bildung, Gesundheit, Landwirtschaft, Umwelt, Verkehr oder Baudenkmalpflege zusammengefasst. Eine zusätzliche, spezielle Aufgabe des RP Freiburg ist die Zuständigkeit für grenzüberschreitende Zusammenarbeit und europäische Angelegenheiten.***

7 Mobile

Wentzingerstraße 15
Straßenbahn 1, 2, 3, 4 – Hauptbahnhof
Rolf + Hotz Architekten, Freiburg
1999

Bei oberflächlicher Betrachtung handelt es sich um zwei völlig gegensätzliche Dinge: Immobilie und Bewegung. Denn Letzteres findet meist im Wald, im Studio oder auf dem Sportplatz statt. Doch die Radstation vereint mit ihrer dynamischen Architektur die scheinbaren Gegenpole. Der runde Baukörper nimmt das Motiv des Rades auf und wirkt wie ein Scharnier zwischen Innenstadt und Stühlinger. Dreht er sich gar um die eigene Achse? Das tut er zwar nicht, doch das Mobile genannte Werk der Architekten Rolf + Hotz wirkt so, als würde es nur kurz in der Bewegung innehalten. Im Innern treffen sich nicht nur die für Freiburg so typischen Drahtesel, sondern auch Menschen

im dortigen Café, die vielleicht vom Zug aufs Rad umsteigen, die Straßenbahnfahrt unterbrechen oder noch Zeit haben, bis der Bus am nahen Bahnhof abfährt. Vom Stühlinger aus ersteigt man die Treppen und schaut durch eine großzügige Öffnung in den Himmel, wo bei schönem Wetter die Flieger in ihrer Platzrunde vorbeiziehen. Ob am Himmel oder auf der Schiene, ob mit dem Rad oder dem Bus, ob mit dem Zug oder der Straßenbahn – mehr Mobilität auf engstem Raum geht nicht. Für die Eröffnung durfte es daher kein schnöder, langweiliger Februartag sein, sondern ein bemerkenswertes Datum: Der 9.9.1999.

8 Universitätsklinik Notfallzentrum

Sir-Hans-A.-Krebs-Straße 1
Straßenbahn 2 – Friedrich Ebert-Platz
KSP Jürgen Engel Architekten, Frankfurt
2012

Ein Krankenhaus sollte ein Ort sein, der eine angenehme und der Gesundheit dienende Atmosphäre ausstrahlt. Viele Auflagen und Sonderbestimmungen und nicht zuletzt die Tatsache, dass es mit der neuesten medizinischen Technik Schritt halten muss, machen ein Krankenhaus zu einer komplexen und verantwortungsvollen Bauaufgabe. Die Erweiterung der Medizinischen Klinik mit Notfallzentrum, die die bestehende Universitätsklinik an der Nordseite flankiert, ist so ein Gebäude, das den Spagat zwischen Funktionalität und wohltuender Ästhetik schafft. Zwei große Innenhöfe und viel Glas sorgen für Licht und Offenheit, gleichzeitig ermöglicht die Magistrale längs des Baus kurze Wege. Helle, frische Farben an Wänden und Bodenbelägen sorgen nicht nur für eine freundliche Atmosphäre, sie dienen auch als Leitsystem. Wichtige Anlaufstellen sind ebenfalls farblich markiert. Sollte dieser Anbau erweitert oder verändert werden müssen, ist das vergleichsweise unproblematisch: Die Konstruktion besteht aus einem Stahlbetonskelett, so dass innerhalb des Stützenrasters eine große Flexibilität möglich ist. Der dreigeschossige Anbau bietet Raum für 58 Betten, auf dem Dach befindet sich ein Hubschrauberlandeplatz.

Praktisch von jeder Position im Gebäude sieht man einen überdimensionierten Rettungsring, der einen der beiden Verbindungsstege umschließt. Farblich deutet er ein rotes Kreuz an und versinnbildlicht damit das, was hier wohl jeder Patient sucht: Rettung. Gestaltet hat den »Freischwimmer« der Künstler Gregor Passens.

UNIVERSITÄTSKLINIKUM FREIBURG RUND UM DEN LORENZRING

Das Freiburger Universitätsklinikum zählt zu den größten in Deutschland. Der Gebäudekomplex rund um den »Lorenzring«, wie der 1926 begonnene Zentralbau genannt wird, muss zukunftsfähig bleiben und wird ständig um Klinik- und Forschungsbauten erweitert. 2006 wurde zum Beispiel das Institut für Umweltmedizin und Krankenhaushygiene fertiggestellt (Pfeifer Kuhn Architekten, Freiburg, 2006). Es gilt als Modell für einen besonders ökologischen und energiesparenden Forschungsbau. 2016 folgte unter anderem das Zentrum für Translationale Zellforschung (ZTZ) an der Breisacher Straße, in dem Krebsspezialisten unterschiedlicher Disziplinen zusammen forschen (Heinle, Wischer und Partner, Stuttgart). Das

Interdisziplinäre Tumorzentrum (ITZ) mit sechs Gebäuden wird im Frühjahr 2019 eröffnet (Nickl und Partner, München). Das derzeit größte Projekt ist sicherlich der Neubau der Kinder- und Jugendklinik, die das Architekturbüro Albert Wimmer ZT aus Wien bauen wird. Die Anatomie wiederum wird auf dem dann alten Areal der Kinderklinik erweitert und einen Campus erhalten – und somit in Richtung Institutsviertel wachsen, so dass eine ost-west verlaufende »Forschungsachse« entsteht. Unkonventionell wird die Nutzung der aufgegebenen Lutherkirche: Derzeit wird geprüft, ob diese zu einem Hörsaal umgebaut werden kann. Hier im Bild: das Notfallzentrum mit Hubschrauberlandeplatz.

VAUBAN & RIESELFELD

GRÜN UND ENGAGIERT

Die Stadtteile Rieselfeld im Westen und Vauban im Süden Freiburgs sind etwa gleichzeitig ab den 1990er Jahren entstanden. In beiden Fällen wollte man aus den Fehlern der Vergangenheit lernen: Statt monofunktionaler Wohnsiedlungen setzte man auf nachhaltige Architektur und sozial gemischte Viertel, in denen Leben und Arbeiten möglich ist. Unterschiedliche Haustypen auf klein parzellierten Grundstücken – ähnlich wie auch die Altstadt vor etwa 900 Jahren angelegt wurde – sollten zur bunten Mischung beitragen. In beiden Quartieren brachten sich Baugruppen intensiv ein, und überhaupt gestalten die Bewohner das Leben im Viertel aktiv mit. Außerdem gelten beide Quartiere auf ihre Art als vorbildlich und haben viel internationale Aufmerksamkeit erhalten. Und nachhaltig, integrativ und barrierefrei wollen sie auch beide sein.

Nachdem sich die Bundesregierung in den 1980er Jahren aus der Förderung von sozialem Wohnungsbau zurückgezogen hatte, lag auch in Freiburg der Neubau von Wohnungen eine Weile lang brach, was die ohnehin schon angespannte Wohnungslage noch verschärfte – bis sich die Stadtentwicklung dann doch auf Wachstum ausrichtete. Die Stadt erklärte einen Teil des ehemaligen Rieselfelds, wo noch bis 1985 Abwässer versickerten, zur Erweiterungsfläche. Als Kompromiss – der Protest der Bevölkerung blieb nicht aus – wurden gut 250 Hektar als Naturschutzgebiet ausgewiesen, auf den verbliebenen 78 Hektar entstanden Wohnungen für 10.000 bis 12.000 neue Bewohner. Fast gleichzeitig hinterließen die infolge der Wiedervereinigung Deutschlands abgezogenen französischen Truppen leere Kasernen auf dem ehemaligen »Quartier Vauban«. Davon kaufte die Stadt 1994 rund 40 Hektar und begann 1998 mit der Bebauung für etwa 5.000 Menschen.

Trotz seiner Randlage im äußersten Westen Freiburgs ist das Rieselfeld ein beliebter Stadtteil – und ein Stadtteil, dessen Leben die Bürger aktiv mitgestalten. Das hat damit zu tun, dass sich viele mit ihm identifizieren und er mehr eine Stadt als ein bloßes Wohnquartier ist. Denn gleich von Anfang an bekam das Rieselfeld alle Einrichtungen, die eine Stadt braucht: Markt und Einkaufsmöglichkeiten, Schulen und Kindergärten, Gewerbe und die damit verbundenen Arbeitsplätze sowie eine gute Verkehrsanbindung. Das Zentrum ist das »Glashaus« mit Stadtteilbüro, Mediothek, einem Café und vielen Räumen, in denen sich die Bewohner treffen und austauschen können. Es liegt gleich neben der Kirche an der Rieselfeldallee, der geschlossen bebauten Hauptachse, die zugleich die Geschäftsstraße ist. Im ganzen Quartier verlaufen die maximal fünfgeschossigen Wohnhäuser meistens als Zeilenbauten entlang der Straßen. Nach hinten bieten die gemeinschaftlichen Innenhöfe viel Grün und Freiraum. Großen Wert legte man darauf, dass Eigentums- und Mietwohnungen, Einfamilien- und Mehrfamilienhäuser sowie geförderte und frei finanzierte Wohnungen, nicht voneinander getrennt sind. Der Anteil an Sozialwohnungen war ursprünglich 50%, doch inzwischen ist die Mietpreisbindung abgelaufen, so dass das Wohnen im Rieselfeld praktisch so teuer wie in den gefragten Stadtteilen Herdern oder Wiehre ist.

Auch das Quartier Vauban ist ein teures Wohnpflaster geworden. Bekannt ist es auf der ganzen Welt als Modellprojekt für nachhaltige Stadtentwicklung: die Häuser verbrauchen fast keine Energie, teilweise erzeugen sie mehr als sie selbst benötigen. Eine bunte Mischung aus individuellen Wohnungen und Häusern ist entstanden, autoreduziert und trotzdem urban. Fahrzeuge kommen in der Solargarage unter, so dass der Weg für Spielstraßen frei ist – interessant vor allem für junge Familien mit Kindern, die auch den Großteil der Bevölkerung ausmachen. Die typischen Vauban-Bewohner sind sehr engagiert – so planten und gestalteten sie z.B. den Marktplatz und das Stadtteilzentrum (Haus 037) selbst um. Alter Baumbestand und viel Grün lassen die eigentlich dicht bebaute Anlage, die sich nach Süden zum Dorfbach hin öffnet, recht locker wirken.

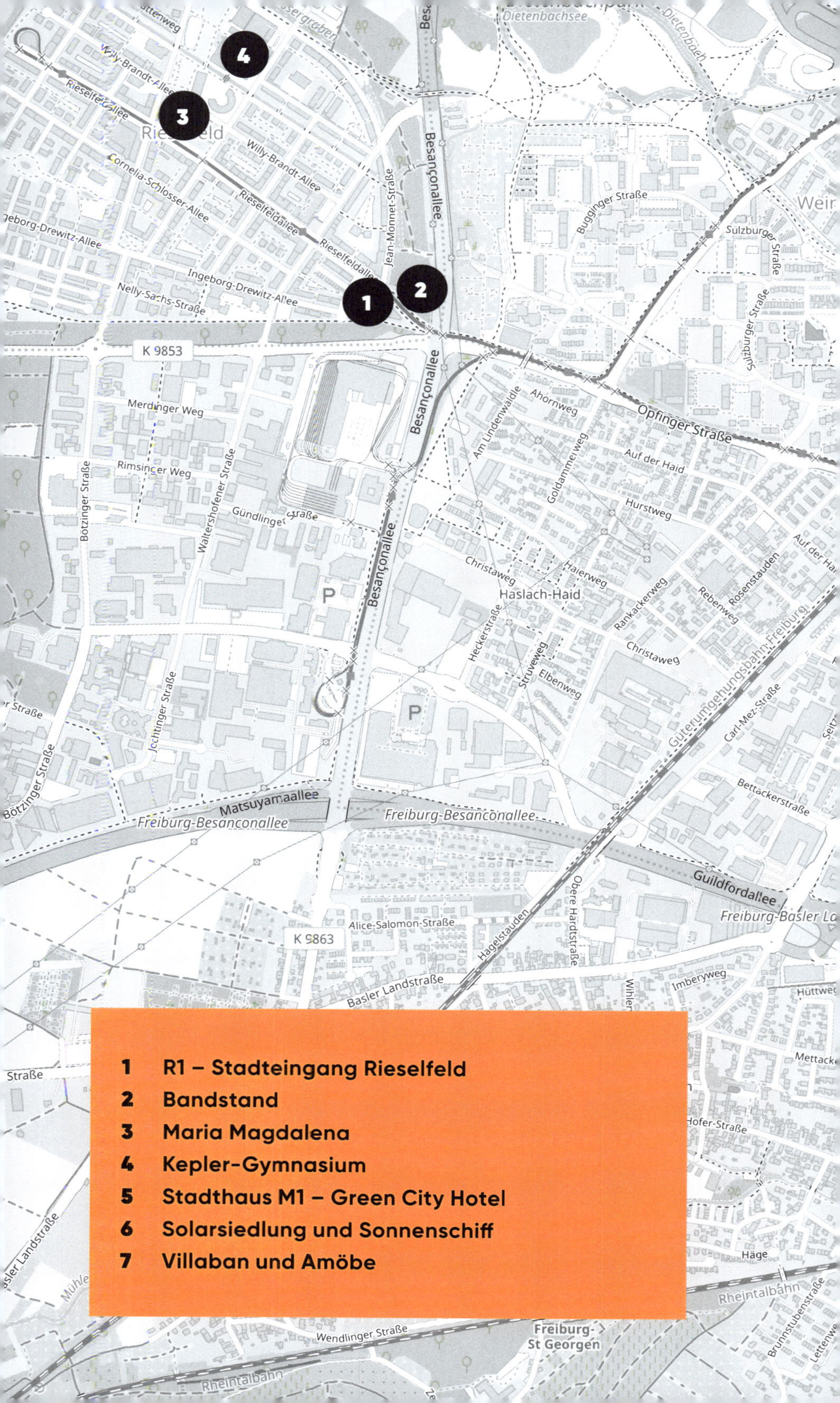
1
2
3
4
Rieselfeld
Willy-Brandt-Allee
Rieselfeldallee
Cornelia-Schlosser-Allee
Ingeborg-Drewitz-Allee
Nelly-Sachs-Straße
Jean-Monnet-Straße
Besançonallee
Dietenbachsee
Dietenbach
Bugginger Straße
Sulzburger Straße
K 9853
Merdinger Weg
Rimsinger Weg
Waltershofener Straße
Gündlinger Straße
Bötzinger Straße
Am Lindenwäldle
Ahornweg
Goldammerweg
Opfinger Straße
Auf der Haid
Hurstweg
Christaweg
Haierweg
Haslach-Haid
Rankackerweg
Rebenweg
Rosenstauden
Heckerstraße
Struveweg
Elbenweg
Güterumgehungsbahn Freiburg
Carl-Mez-Straße
Bettackerstraße
Jechtinger Straße
Matsuyamaallee
Freiburg-Besanconallee
Guildfordallee
Obere Hardtstraße
Hagelstauden
Alice-Salomon-Straße
K 9863
Basler Landstraße
Imberyweg
Hüttweg
Mettack
Hofer-Straße
Häge
Rheintalbahn
Brunnstubenstraße
Wendlinger Straße
Freiburg-St Georgen
1 R1 – Stadteingang Rieselfeld
2 Bandstand
3 Maria Magdalena
4 Kepler-Gymnasium
5 Stadthaus M1 – Green City Hotel
6 Solarsiedlung und Sonnenschiff
7 Villaban und Amöbe

Sundgauallee
Berufliches Schulzentrum
Eschholzpark
Metzgergrün
Untermetzgergrün
Autobahnzubringer Mitte
Güterbahnbrücke
Stühlinger
Dreisam
Freiburg-Stühlinger/Haslach
Ochsenbrücke
Höllentalbahnbrücke
Haslach-Egerten
Staudinger-Gesamtschule
Schwarzwaldmilch
Eschholzstraße
Gartenfreunde Freiburg Süd e.V.
Haslach
Haslach-Gartenstadt
Basler Straße
B 3
B 31
Lea Freiburg (im Bau)
Haslach-Schildacker
L 122
Rheintalbahn
Höllentalbahn
Polizei SportVerein
Eisenbahner Sportverein Freiburg
Vauban
Vaubanallee
7
6
5

1 R1 – Stadteingang Rieselfeld

Rieselfeldallee 1
Straßenbahn 5 – Geschwister-Scholl-Platz
Harter + Kanzler Architekten, Freiburg/Haslach i.K.
2017

Eine städtebaulich wichtige Stelle ist immer der Stadteingang. Heutzutage sind die Übergänge freilich fließender als etwa im Mittelalter, als das Stadttor eine scharfe Grenze zwischen Land und Stadt markierte. Dennoch spürt man es manchmal, wenn man die Schwelle zu einem anderen Stadtteil überquert.

Eine solche Funktion übernimmt das Büro- und Wohnungsensemble R1. Denn an dieser Stelle, an der man das Rieselfeld betritt, läuft der Stadtgrundriss und somit auch das Gebäude spitz wie ein Tortenstück zu. Blickt man frontal auf den Gebäudekopf, sieht man ein senkrechtes Mäanderband,

das sich aus den von beiden Seiten abwechselnd um die Ecke geführten Fenstern ergibt. Der sechsgeschossige Bürobau und zwei dahinter anschließende siebengeschossige Wohnungsbauten flankieren einen gemeinsamen Wohnhof mit Spielplatz und privaten Gärten in der Mitte. So haben die Bewohner die Vorteile eines Innenhofs, nämlich einen geschützten, privaten Raum, und zugleich einen grünen, offenen Garten. Mit diesem Ensemble wurde das letzte freie Grundstück auf dem Rieselfeld bebaut – es ist also nicht nur Auftakt, sondern auch der Schlussstein dieses Stadtteils.

2 Bandstand

Rieselfeldallee / Besançonallee
Straßenbahn 5 – Geschwister-Scholl-Platz
Nathan Coley, Glasgow (künstlerischer Entwurf)
Frey Architekten, Freiburg (Realisierung)
2012

Ist das Kunst oder Architektur, was da auf einem Rasen am Eingang des Rieselfeldes steht? Eine Betonskulptur oder ein modernistischer Rohbau? Die horizontale Fläche scheint über dem Rasen zu schweben, Treppen führen von drei Seiten hinauf, senkrechte Betonplatten definieren die Rückseite. Ein Apfelbäumchen darf durch eine runde Öffnung im Boden wachsen, als gehöre es zu den umstehenden Obstbäumen. Welche Funktion hat dieses Gebilde, das einem Konzertauftritt genauso dienen kann wie einer Kunstaktion oder einem spontanen Treffen, als eine Art Speakers' Corner oder als Skater-Rampe? Tatsächlich sollte die Nutzung dieses Hybrids offen bleiben. »Bandstand« nannte der schottische Künstler Nathan Coley das Objekt und spielt damit auf die Tradition der Musikpavillons in englischen Gärten an. Er

Der Bandstand ist nur ein Teil des Rieselfelder Kunstprogramms. Auf Plätzen, Wegen und Rasenflächen, mehr oder weniger auffällig, finden sich insgesamt sieben Kunstprojekte, die aus einem Teil der Einnahmen durch Grundstücksverkäufe finanziert wurden. Dieses Quartier sollte von Anfang an nicht nur ein Wohnort sein, sondern auch ein aktives öffentliches Leben unterstützen, indem auch der öffentliche Raum attraktiv ist. Besonders beliebt ist auch der »Twister« von Andrea Mihaljevic und Stefan Hösl (2008). Der Boden auf dem Maria-von-Rudloff-Platz vor dem Glashaus speit wie ein Geysir abwechselnd Nebel und Fontänen aus – sehr erfrischend im Sommer.

nannte es auch ein »Denkmal zur Entstehung der Stadt« und übergab damit das Werk seinem Schicksal. Die Offenheit ist es auch, die die Bewohner zur Teilnahme auffordert. Somit steht das Konzept für ein Wesensmerkmal dieses Stadtteils: die Partizipation. Der Bandstand ist als Siegerentwurf aus einem Wettbewerb hervorgegangen, den der Freiburger Kunstverein veranstaltete.

3 Maria Magdalena (Ökumenisches Kirchenzentrum)

Maria-von-Rudloff-Platz 1
Straßenbahn 5 / Bus 24, 32, 33 – Maria-von-Rudloff-Platz
kister scheithauer gross architekten, Köln/Leipzig
2004

Wie ein riesiger Findling liegt da ein Betonklotz auf dem weiten, zentralen Platz des jungen Stadtteils Rieselfeld. Was sollen wir mit diesem brutalistischen Monolith anfangen? Wenn man es nicht wüsste, würde man in ihm niemals eine Kirche erkennen. Und es ist sogar eine doppelte: Hier finden die evangelische und katholische Gemeinde des Rieselfelds unter einem Dach zusammen. Dieses Kirchenzentrum ist eine hermetische Skulptur, horizontal und geerdet statt in die Höhe strebend, und ein Vorne und Hinten ist auf den ersten Blick nicht erkennbar. Doch es gibt ein System: Die parallel zur Straße verlaufenden Wände sind senkrecht, die Ost- und Westseiten dagegen falten sich nach außen und innen und bringen Beweglichkeit ins Spiel. Die Materialien sind fast durchgehend Sichtbeton und ein wenig helles Holz; Schmuck und Ornament gibt es kaum. Die in Form und Lage unregelmäßigen Fenster unterstreichen die Dynamik und bringen Offenheit in den kompakten Kubus. Beweglichkeit und Offenheit sind auch die Werte, die die ökumenische Gemeinde vertritt.

Betritt man das Innere, findet man doch noch Elemente des klassischen Kirchenbaus: Es ist eine dreischiffige Kirche mit einem Hauptschiff als Foyer und zwei Nebenschiffen. Das größere Nebenschiff nutzt die katholische, das kleinere die evangelische Gemeinde. Das Foyer kann für gemeinsame Festlichkeiten verwendet werden. Im Innern erkennt man auch den Sinn der Fensteranordnung: je nach Tageszeit werfen sie zusammen mit dem Oberlicht ein raffiniertes Licht- und Schattenspiel in den Raum. Wie ein Gefäß empfängt der Bau das Licht, und spätestens hier merkt man, wie durchdacht das Spiel von Transzendenz und Weltlichkeit ist.

Im Innern sollte man auf die acht Meter hohen Trennwände achten. Sie sind aus Beton und können mit Motoren verschoben werden, so dass bei Bedarf ein großer Raum entsteht. Auch hier findet man also das Prinzip der Offenheit und Beweglichkeit. Die größte Trennwand ist übrigens 100m groß und wiegt 30 Tonnen.

Das Wort Brutalismus kommt nicht von brutal und ist keineswegs negativ gemeint. Es stammt vom französischen béton brut (roher Beton) und geht auf Le Corbusier zurück: Er erkannte die Ausdruckskraft des Materials und wollte es ungeschönt zeigen. Der Begriff wurde aber auch zum Synonym der oft überdimensionierten Betonstrukturen der 1960er bis 1980er Jahre. Auch wenn diese heute im Allgemeinen nicht mehr geschätzt werden, sind sie doch Dokumente ihrer Zeit.

199

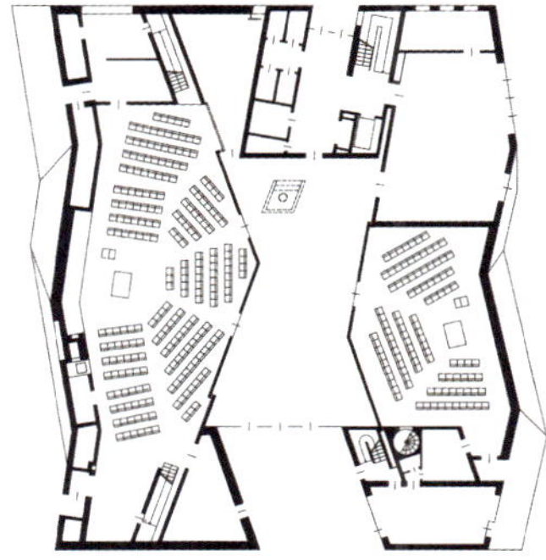

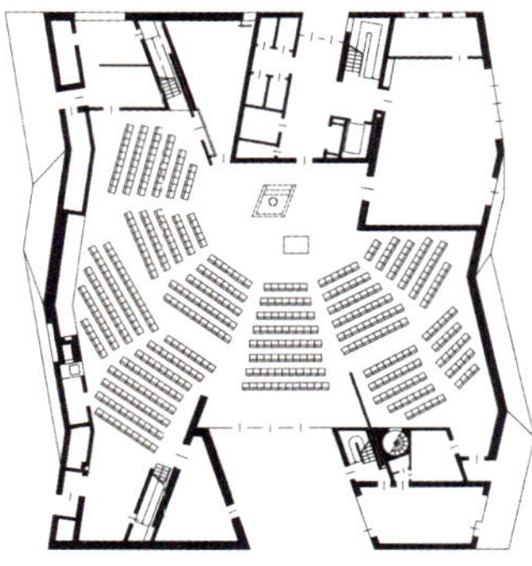

4 Kepler-Gymnasium

Johanna-Kohlund-Straße 5
Straßenbahn 5 / Bus 24, 32, 33 – Maria-von-Rudloff-Platz
Ernst Spycher, Basel
1997

Das naturwissenschaftlich ausgerichtete Kepler-Gymnasium besteht bereits seit 1907. Im Jahr 1997 ist es aus seinem maroden Altbau in der Habsburger Straße ins Rieselfeld umgezogen. Der Neubau ist absichtsvoll unspektakulär, es dominieren Geraden und rechte Winkel, einfache Formen und Materialien. Dennoch oder gerade deshalb hat er bei der Bevölkerung viel Unmut auf sich gezogen: Menschenverachtend sei er und zu düster für Kinder und Jugendliche, ein »martialisches Monster«. Tatsächlich erfüllt er nicht die gängigen Erwartungen: Die Klinkerfassade schimmert in dunkelgrün und grau, wovon sich die gleichmäßig angeordneten, in hellem Holz gefassten Fenster angenehm abheben. Auch im Innern, beispielsweise im durch umlaufende Galerien erschlossene Treppenhaus, dominiert grauer Sichtbeton. Trotzdem überzeugt der viergeschossige Flachbau in seiner Konsequenz, er ist klar und übersichtlich

strukturiert, souverän ruht er in sich. Die Schüler, heißt es, seien mit ihrem Schulbau sehr zufrieden.

Steigende Schülerzahlen und die Einrichtung einer Ganztagsschule erforderten mehr Raum. 2007 wurde vom gleichen Architekten der viergeschossige, nun hellrote Erweiterungsbau auf dem Schulhof an die Sepp-Glaser-Sporthalle angebaut.

Einem ganz anderen Raumkonzept folgt die runde Clara-Grunwald-Grundschule nebenan (Lorenz Wehrle Architekten, 2006). Dahinter befindet sich die dazugehörige Sporthalle, die wegen eines Kompromisses bemerkenswert ist: Wegen Platzmangel musste die wachsende Schule auf den Stadtpark nebenan ausweichen. Der öffentliche Rasen wölbt sich jetzt wie eine Brücke über das Kreissegment, unter dem sich die Sporthalle befindet.

5 Stadthaus M1 – Green City Hotel

Paula-Modersohn-Platz 5
Straßenbahn 3 – Paula-Modersohn-Platz
Barkow Leibinger, Berlin
2013

»Das Stadthaus markiert das Tor zum Quartier Vauban«, sagen die Architekten. So kann man es lesen, denn es flankiert die Hauptachse des Stadtteils, die Vaubanallee, und die Art, wie sich die beiden Gebäudeteile einander zuneigen, bilden sie tatsächlich so etwas wie ein Entrée. Im erhöhten Kopfbau zur Merzhauser Straße ist das erste integrative Hotel Freiburgs untergebracht: Hier arbeiten behinderte und nicht behinderte Menschen zusammen. Im rückwärtigen Teil befinden sich Wohnungen und Geschäfte. Durch diese Trennung der Funktionen konnte der Weg dazwischen erhalten werden. Dass die beiden Gebäudeteile zusammengehören, erkennt man an der einheitlichen Fassade. Rundum sorgt die Vertikale für ein lebendiges Wechsel-

spiel: An fast allen Seiten sind es die sogenannten Finnen aus Zedernholz, nur an der Südseite mit ihren Loggien und Balkonen ranken an Stahlseilen 25 verschiedene Pflanzenarten nach oben bis zur Dachkante. Sie schützen vor Kälte und Wärme und schaffen ein gutes Klima: Was man von Altbauten her kennt, hat auch einen klimatischen Sinn. Die vorgefertigten Holzrahmenelemente aus Schwarzwälder Weißtanne sind hoch gedämmt. Dank diesen und den Isolierfenstern, einem aktiven Sonnenschutz, den Photovoltaikmodulen auf dem Dach sowie dem zentralen Holzhackschnitzel-Heizkraftwerk, das das Viertel versorgt, sind die Passivhausstandards mühelos erfüllt. Ein guter Einstieg in Freiburgs grünstes Quartier.

AUF DEN GRÜNEN WIRTSCHAFTSZWEIG GEKOMMEN: GREEN CITY FREIBURG

Freiburg gilt als eine der Geburtsstätten der Umweltbewegung und als Modellstadt für Ökologie und Nachhaltigkeit. Bereits in den 1970er Jahren wehrte sich die Landbevölkerung gemeinsam mit den Freiburgern erfolgreich gegen den Bau des Kernkraftwerks Wyhl am Kaiserstuhl. Das erste Ökoinstitut wurde damals gegründet und gab der Erforschung erneuerbarer Energien und nachhaltiger Stadtentwicklung wichtige Impulse, ebenso wie das Fraunhofer Institut für Solare Energiesysteme. Vom Großunternehmen über die Universität bis zum kleinen Bioladen hat sich in den vergangenen Jahrzehnten ein grüner Cluster herausgebildet: der grüne Wirtschaftsfaktor floriert. Auch politisch sind Nachhaltigkeit und Ökologie in Freiburg fest verankert, so hat sich die Stadt zum Ziel gesetzt, bis im Jahr 2050 eine klimaneutrale Kommune zu sein. Im Bereich der Bauwirtschaft,

auf die generell 40% der CO_2-Emmissionen entfallen, bedeutet dies: Was bereits im Rieselfeld und Vauban festgelegt wurde, wird auch in anderen neuen Stadtteilen fortgesetzt. Inzwischen werden Neubauten mindestens in Passivhausbauweise errichtet, und es müssen weitere Regeln wie eine effiziente Energieversorgung, Regenwasserversickerung oder eine gute Anbindung an den öffentlichen Nahverkehr eingehalten werden. Die vielen Auszeichnungen wie »Ökohauptstadt« (1987), »Deutsche Umwelthauptstadt« (1992), »Bundeshauptstadt im Klimaschutz« (2010) oder »Nachhaltigste Großstadt Deutschlands« (2012) sind eine schöne Bestätigung, doch kann Freiburg dies inzwischen nicht mehr für sich alleine beanspruchen. Viele andere Städte wie München oder Frankfurt haben sich bereits dieses Label ebenfalls erarbeitet.

6 Solarsiedlung und Sonnenschiff

Merzhauser Straße 177
Straßenbahn 3 – Paula-Modersohn-Platz
Rolf Disch, Freiburg
1999–2006

In Bezug auf Energie sind die Solarsiedlung und das dazugehörige Sonnenschiff die Radikalsten im Quartier Vauban: Sie geben sich nicht mit Niedrig oder Null zufrieden, sie sind Plusenergiehäuser. Das heißt, dass sie im Verlauf eines Jahres mehr Energie produzieren als sie verbrauchen – und damit die Vorgaben des Öko-Quartiers noch einmal toppen.

Das Energieverhalten der bunten Häuser am Schlierberg war bestimmend für die Gestaltung: Sie richten sich in ihrer Form ganz nach der Sonne aus. Die Dächer mit ihren Solarzellen neigen sich nach Süden und verschatten an Sommertagen gleichzeitig die großflächigen Südfenster, hinter denen sich die Wohn- und Aufenthaltsräume befinden. Doch in kühleren Jahreszeiten, wenn die Sonne flacher steht, lassen sie die wärmenden Strahlen hinein. Räume mit weniger Heizbedarf, wie z.B. Küchen, befinden sich im Norden. Die Wärme bezieht auch dieses Haus vom nahen Heizkraftwerk, doch zusammen mit anderen Faktoren wie der hohen Dämmung und vor allem dem überschüssigen Solarstrom, der ins Netz eingespeist wird, bleibt die Bilanz positiv. Mit natürlichen Baustoffen wie Holz aus der Umgebung konnte die graue Energie (Energieverbrauch bei Herstellung, Transport usw.) reduziert werden, außerdem wurde auf herstellungs- und wartungsintensive High-Tech-Anlagen verzichtet.

Die Siedlung besteht aus 59 Häusern mit 75–200m^2 großen Wohnungen. Im Sonnenschiff, das sich entlang der Durchgangstraße erstreckt und so die Wohnungen vor Lärm abschirmt, befinden sich Läden und Gewerbe. Nur in den Aufbauten mit den – selbstredend PV-bestückten – Schrägdächern befinden sich Penthouse-Wohnungen. Die farbigen Fassadenplatten sind Lüftungsfenster, die sich nachts öffnen und kühle Luft hereinlassen.

In Sachen Sonnenenergie finden sich im Quartier Vauban lauter Superlative: Die Solarsiedlung ist eine der ersten Plusenergiesiedlungen weltweit. Hier steht auch das erste Mehrfamilienpassivhaus in Deutschland. Das erste Plusenergiehaus wiederum baute sich der Freiburger Architekt Rolf Disch selbst. Dieses Heliotrop ist rund und dreht sich nach der Sonne. Es steht in Merzhausen, also nicht mehr auf Freiburger Boden, ist aber vom Sonnenschiff aus zu Fuß in gut 10 Minuten zu erreichen.

7 Villaban und Amöbe

Marie-Curie-Straße 1 und 3
Straßenbahn 3 – Vauban-Mitte
Broß Kurzenberger, Freiburg
2003 / 2005

Von außen präsentiert sich das kleine kulturelle und soziale Zentrum Villaban als bunter, luftiger Glaskasten, doch im Innern sieht man, dass die Konstruktion aus Holz besteht. Gebaut wurde es für Werkstätten, Künstlerateliers, Läden und Wohnungen. Die Kantine versorgt auch externe Gäste mit Mittagessen, ein überdachter Innenhof ist Treppenhaus und Treffpunkt zugleich. Wie es sich für Werkstätten gehört, sind die Innenräume einfach und robust gehalten. Ein glatter Estrich und eine rohe Holzdecke mussten reichen, den Rest gestalteten die Mieter selbst. Auch die 50–200m² großen Räume können bei Bedarf verändert und Wände eingezogen werden. Ein wenig erinnert das Konzept an Le Corbusiers Dom-ino von 1914: Die Idee, ein Haus auf Decke,

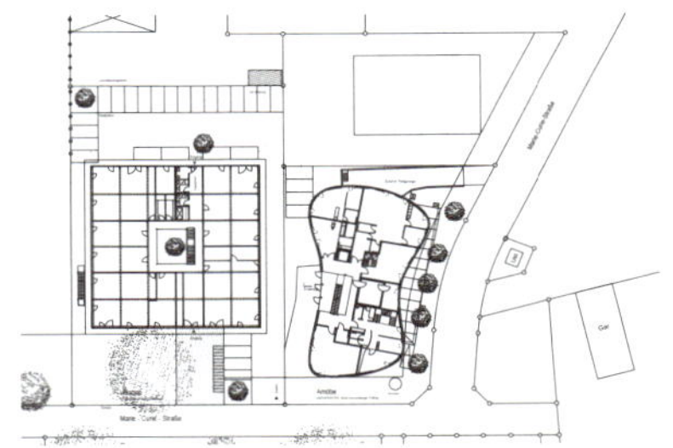

Stütze und Treppe zu reduzieren, damit die Räume flexibel den Bedürfnissen angepasst werden können. Das Villaban bekommt sogar noch eins drauf: Sollte es nötig sein, kann das dreigeschossige Gebäude um ein viertes Geschoss erweitert werden.

Obwohl der Name anderes suggeriert, ist die Amöbe nebenan weit weniger flexibel: Glücklicherweise behält das Gebäude seine Form. Auch wenn sich die Fenster farblich aufs Villaban beziehen, kontrastiert es doch mit seinem geschwungenen Grundriss und seiner geschlossenen schuppigen Haut. Einheimische erkennen darin sofort die im Schwarzwald traditionellen Holzschindeln.

EIN MODELL, DAS SCHULE GEMACHT HAT: DIE ERSTEN BAUGRUPPEN KOMMEN AUS FREIBURG

In Baugruppen schließen sich mehrere, meist private Bauherren zusammen, um ihre Wohnhäuser – manchmal auch Gewerbebauten oder Mischformen – zusammen mit einem Architekten zu bauen oder umzubauen. Freiburg gilt neben Tübingen als eine der ersten Hochburgen. Die »Tränkematten« (Betzenhausen, 1985, Architekt Reiner Probst) zählen zu den bekanntesten frühen Beispielen. Inzwischen ist das Modell auch in vielen anderen Städten geläufig: In Berlin und Hamburg sind auf diese Weise bereits mehrere tausend Wohnungen entstanden. War die Motivation der Bauherren zunächst politisch oder sozial, sind es heute vor allem finanzielle Gründe, um sich zusammenzuschließen. Denn die Vorteile einer Baugruppe sind nicht nur, dass die künftigen Eigentümer ihre eigenen Vorstellungen vom Wohnen und Arbeiten umsetzen können.

Dadurch, dass Maklerprovisionen, einkalkulierte Kosten bzw. der Gewinn des Bauträgers entfallen und viele Bauherren selbst mitanpacken, kann das künftige Heim bis zu 30% günstiger werden. Durch das Arbeiten am gemeinsamen Projekt ist der soziale Austausch hoch, so dass das nachbarschaftliche Zusammenleben meistens gut funktioniert. Baugruppen haben ein großes Interesse an der positiven Entwicklung ihres künftigen Quartiers, das haben inzwischen auch die Kommunen und Städte erkannt. In Vauban und Rieselfeld verkaufte die Stadt die Grundstücke in kleinen Parzellen und hat so dieses Modell überhaupt erst ermöglicht. Das Gutleut-Viertel und die Richard-Kuenzer-Straße in der Wiehre sind weitere Areale, auf denen viele Baugruppen-Häuser entstanden sind.

FREIBURG WÄCHST – WOHIN?

EIN KLEINER AUSBLICK

Zurzeit kann man gar nicht so schnell schreiben, wie in Freiburg gebaut wird. Kaum sind die Arbeiten an diesem Buch abgeschlossen, ist schon wieder ein Neubau fertiggestellt, der eben noch Baustelle war. Das gilt besonders für Einzelbauten wie etwa das neue Fußballstadion, eines der größten anstehenden Bauvorhaben in Freiburg. Der Baubeginn war Anfang 2019, und schon im Sommer 2020 soll der erste Anpfiff sein. Dem Bau gingen viele hitzige Diskussionen bis zum Bürgerentscheid voraus: Einer der Gründe war die mögliche Lärmbelästigung der Anwohner, ein anderer die damit verbundene Einschränkung des Flugbetriebs auf dem nahegelegenen Flugplatz. Doch die Freiburger identifizieren sich sehr mit ihrem Fußballklub und stimmten mehrheitlich für das Stadion, das jetzt zwischen der Technischen Fakultät und dem Fluggelände seinen Platz gefunden hat. Wegen des Flugbetriebs wird es vergleichsweise niedrig sein, aber doch Platz für fast 35.000 Zuschauer bieten. Markant sind die rundum verlaufenden diagonalen Zugstäbe (Entwurf: HPP Architekten, Düsseldorf). Dass das Stadion fast klimaneutral sein wird, versteht sich in Freiburg fast von selbst.

Ein weiterer Neubau soll zwar nicht klimaneutral werden, aber immerhin nur ein Drittel der Energie verbrauchen, die sein Vorgängerbau von 1974 benötigte: die neue Volksbank am Freiburger Hauptbahnhof von Hadi Teherani Architects aus Hamburg. Dass ein Gebäude bereits nach noch nicht einmal fünfzig Jahren abgerissen und neu gebaut wird, schmälert allerdings die gute Ökobilanz.

Doch nicht nur einzelne Gebäude, sondern ganze Stadtteile sind derzeit in Planung, um dem steigenden Bedarf an Wohnraum gerecht zu werden. Von kommunaler Seite ist im Handlungsprogramm Wohnen die wohnungspolitische Ausrichtung bereits festgeschrieben, und mit dem Perspektivplan 2030 hat sich Freiburg ein Leitbild gegeben. Die Projektgruppe Wohnbauflächen (ProWo) hat seit Ende 2015 neue Flächen ermittelt – die zum Teil umstritten und schon wieder verworfen oder vorerst zurückgestellt sind. Doch mit dem Bürgerentscheid im Februar 2019 hat die Bevölkerung trotz aller ökologischen Bedenken eindeutig für die größte Stadterweiterung in Freiburgs Geschichte gestimmt: den Bau des Stadtteils Dietenbach. Dort werden bis voraussichtlich 2026 etwa 6.500 Wohneinheiten für 15.000 Menschen entstehen. Eine wichtige Bedingung für die Zustimmung zum Bau dieses neuen Stadtteils war für viele, dass die 50% Quote für sozialen Mietwohnungsbau eingehalten und langfristig durchgehalten wird. Daneben soll das Quartier inklusiv, barrierefrei und als erstes klimaneutral sein. Man hat sich also viel vorgenommen, um hier einen modellhaften Stadtteil entstehen zu lassen. Den städtebaulichen Wettbewerb gewann das Freiburger Büro K9 Architekten, den Freiraum werden die Landschaftsarchitekten Latz + Partner aus Kranzberg gestalten. Das Mobilitätskonzept stammt von StetePlanung aus Darmstadt und für das Energiekonzept stehen die Freiburger Firmen Stahl+Weiß und endura kommunal. Der Siegerentwurf sieht eine kleine Stadt der kurzen Wege vor, mit einer eindeutigen und gut erreichbaren Mitte. Diese wird von kleinen Vierteln unterschiedlichen Charakters umgeben sein, die aber architektonisch so bunt gemischt sind, damit auch eine soziale Mischung möglich ist. Vom Stadthaus über das Reihenhaus zum Geschosshaus, vom Punkthaus bis zum Hochhaus sollen hier alle möglichen Haustypen entstehen. Daneben soll es viel Grünfläche mit zwei Parks geben.

Recht fortgeschritten sind bereits die Planungen für die Wohnbebauung Stühlinger West mit den Arealen Metzgergrün und Kleineschholz. Den städtebaulichen Wettbewerb für diese Projekte hat das Bregenzer Architekturbüro Dietrich | Untertrifaller gemeinsam mit Ramboll Studio Dreiseitl aus Überlingen gewonnen. Hier sollen bis 2022 insgesamt mehr als 1.500 neue Wohnungen entstehen, und das ohne die Beteiligung von profitorientierten Investoren; den Zuschlag sollen Baugruppen und Genossenschaften, die Freiburger Stadtbau und Projekte mit innovativen Konzepten wie das Mietshäuser Syndikat erhalten. Ob dieser Anspruch, den der neue Oberbürgermeister Martin Horn in seiner Antrittsrede im Sommer 2018 formulierte, durchzuhalten ist, wird sich weisen. Neue Impulse setzt auf jeden Fall schon seine Wohnungsbauoffensive: Die Gründung eines Referats, das sich ausschließlich um alles kümmert, was mit Wohnen und Wohnungsbau zu tun hat, das Potenziale entdeckt, Baugebiete entwickelt, Förderprogramme erarbeitet und Einiges mehr. Das Thema bezahlbarer Wohnraum wird Freiburg also noch lange beschäftigen. Wo Menschen leben, gibt es auch Verkehr. Fast mitten durch Freiburg verläuft – überspitzt formuliert – die Fernverkehrsachse Madrid-Moskau, die Ortsdurchfahrt ist das Nadelöhr. Wenn der Stadttunnel – laut Planungen im Jahr 2030 – gebaut ist, wird der größte Teil des Durchgangsverkehrs unterirdisch verlaufen und die Innenstadt entlasten. Daneben sollen der öffentliche Nahverkehr und das Radwegenetz weiter ausgebaut werden.

Die neue Volksbank am Hauptbahn
in einem Rendering von Hadi Teher
Architec

Bei dieser kleinen Auswahl an anstehenden Projekten – ebenso wie bei den im Buch vorgestellten realisierten Bauten – wird deutlich, wie sehr Architektur im öffentlichen Fokus stehen kann, und dass Architekten und Stadtplaner einer Herausforderung gegenüberstehen, wenn sie alle Bedürfnisse und Anforderungen an eine wachsende Stadt vereinen wollen. Denn was heute gebaut wird, prägt unsere Zukunft – oder, um es mit dem dänischen Architekten und Stadtplaner Jan Gehl zu formulieren: „Zuerst gestalten wir die Städte, dann prägen diese uns." Damit ist ausdrücklich auch nicht nur das Stadtbild, sondern auch das soziale Leben und nicht zuletzt das Klima gemeint.
Denn das Ziel sollte immer eine sozial, ökologisch und ökonomisch nachhaltige Stadt sein.

Das neue SC-Stadion im Wolfswinkel, zwischen Flugplatz, Technischer Fakultät und Messe. (Entwurf: HPP Architekten, Düsseldorf).

Rund 1.000 Wohnungen in unterschiedlichen, kleinen Einheiten: Kleineschholz im Entwurf von Dietrich | Untertrifaller.

So könnte die Mitte Dietenbachs an einem Markttag aussehen: Skizze von K9 Architekten.

REGISTER
(ARCHITEKTEN, KÜNSTLER & PROJEKTE)

Von Gisela Graf:

3Häuser Projekt: Luftschloss, LAMA SchwereLOS
Augustinermuseum
Ausblick
Bandstand
Baugruppen in Freiburg
BIOSS Laborgebäude (Signalhaus)
Dekanat & Bibliothek der Technischen Fakultät
Die Mitte dehnt sich aus
Dieter-Wetterauer-Halle
Einleitung
Ein unbekannter Stadtteil
Ensemblehaus
Erzbischöfliches Archiv
Evangelisches Montessori Schulhaus
FIT – Zentrum für interaktive Werkstoffe und bioinspirierte Technologien
Flüchtlingsheim Merzhauser Straße
Freiburg und die Universität
Futur2
Gestaltungsbeirat
Green City Freiburg
Grün und engagiert
Haus der Bauern
Herderbau – Fakultät für Umwelt und Natürliche Ressourcen
Karl Rahner Haus
Kepler-Gymnasium
Landratsamt Breisgau-Hochschwarzwald, Erweiterungsbau
Langhaus
Maria Magdalena (Ökumenisches Kirchenzentrum)
Messe
Mietshäuser Syndikat
Partizipation und Aneignung
Pavillon am Ring
Platz der Alten Synagoge
PSD Bank
Quartier Unterlinden
R1 – Stadteingang Rieselfeld
Rathaus im Stühlinger
redOne
Regierungspräsidium Freiburg
Schnewlin 12
Solarsiedlung und Sonnenschiff
Sozialer Wohnungsbau in Freiburg
Stadthaus M1 – Green City Hotel
Studentenhäuser Technische Fakultät
Tanz der Solitäre
Universitätsbibliothek
Universitätsklinik Notfallzentrum
Universitätsklinikum Freiburg
UWC – Robert Bosch College
Villaban und Amöbe
WaldHaus
Wohnbebauung Haslacher Straße / Uferstraße

Von Carola Schark:

Amt für Liegenschaften und Wohnungswesen
Atrium
Campido & Garten der Physik
Church-Chill
CinemaxX & Geschäftshaus am Theater
Dekanat & Bibliothek der Technischen Fakultät
Druckerei Simondruck
Freiburger Stadtbau
Gerhard-Graf-Sporthalle
Hauptbahnhof
IHK – Industrie- und Handelskammer
IntercityHotel
Konzerthaus & Novotel
Marienhaus
Mobile
Neubauten am Rennweg
Sporthalle und Foyer der St. Ursula Schulen
Sternenhof
Wertvoll bleiben im Wandel
Wo Dorf und Stadt sich begegnen
Wohnbaugenossenschaften in Freiburg
Xpress
Zentrum Oberwiehre (ZO)
Zollhallenplatz

Themen und Objekte haben die Autorinnen gemeinsam ausgewählt.